Yolanda Herranz Gómez

Igualdad bajo sospecha

El poder transformador
de la educación

NARCEA, S.A. DE EDICIONES

La presente obra ha sido editada
con subvención del
Instituto de la Mujer
(Ministerio de Trabajo y Asuntos Sociales)

© NARCEA, S.A. DE EDICIONES, 2006
Avda. Dr. Federico Rubio y Galí, 9, 28039 Madrid, España
www.narceaediciones.es

Cubierta: Francisco Ramos

ISBN: 84-277-1536-6
Depósito legal: M. 44.822-2006

Impreso en España. Printed in Spain
Imprime LAVEL. 28970 Humanes (Madrid)

A mi familia

Agradecimientos

Escribir estas páginas ha sido posible por el apoyo y la confianza que he recibido de personas queridas a las que deseo agradecérselo. Todas ellas están presentes de alguna manera en este libro.

En primer lugar doy gracias a mis grandes amigas Marisa y Susana porque han sido un constante estímulo intelectual y afectivo en todo el proceso de elaboración y porque sus aportaciones y correcciones de estilo han sido fundamentales para poner fin a este trabajo.

A Virginia Maquieira por animarme hace años a emprender el proyecto.

A las personas con las que me he formado en Movimiento Expresivo y Técnicas Psicocorporales para el Desarrollo Armónico, así como al equipo de la formación y a Graciela Figueroa, porque juntos hemos descubierto muchas e importantes cosas sobre nosotros mismos, sobre nuestros condicionamientos psicológicos y sobre la necesaria armonización de todas nuestras potencialidades para ser y para crecer. A Antonio del Olmo porque me ha ayudado a verme.

Al grupo que forma la comisión de educación de Cogam porque también cree en la posibilidad de cambio a través de la educación y ha valorado mi trabajo como una contribución a sus novedosas iniciativas en la formación del profesorado. Con él comparto una misma mirada sobre el sexismo y la homofobia en el contexto escolar y desde ésta queremos trabajar con el profesorado.

A Cristina y Rafa, porque verano tras verano, me han dejado su casa de El Cuadrón para que pudiera escribir. A mis amigos de Chinchón, Amparo y Juanma, que también me cedieron generosamente su espacio. A todos mis amigos y amigas con quienes he podido intercambiar reflexiones y experiencias sobre el tema de la identidad masculina y femenina y las nuevas relaciones de género, pues a todos nos implica en nuestras trayectorias vitales.

A mi familia quien, desde que tengo uso de razón, me ha llamado "feminista".

Y, por supuesto, a mis alumnos y alumnas de quienes siempre estoy aprendiendo.

Índice

Prólogo

Mi tarea docente como profesora de Ética en Secundaria y Filosofía en Bachillerato me lleva a tratar con adolescentes temas como los derechos humanos, las desigualdades sociales, la libertad, la justicia, la construcción social de la personalidad y otros que aparecen en este libro. Estas problemáticas resultan sugerentes y atractivas para un alumnado que está en una edad en la que descubre y construye su identidad y en la que está tomando conciencia de sí como sujeto libre y responsable. A veces, la reflexión sobre estos temas no consiste más que en romper los esquemas que traen consigo, impuestos por el medio social y convertidos en lo natural o lo normal. Otras veces, estas reflexiones no son más que la clarificación y sistematización de conceptos que ya sienten y aprecian de forma inconexa y caótica. Se trata de ayudarles a examinar, analizar y a repensar. Esto supone una complicación de lo sencillo, "un comerse el coco", dirían ellos; un análisis o profundización siempre lleva a convertir lo simple en complejo, a desmenuzarlo. En cualquier caso, me es grato decir que para el alumnado de estas edades, el estudio y análisis de estas cuestiones resulta un descubrimiento importante y que en algunos casos transforma su manera de percibir el mundo y a sí mismo, lo cual no sólo da un valor a mi trabajo personal en el aula, sino a la educación en general.

La espontaneidad, descaro y frescura que caracteriza a la adolescencia permite planteamientos que no se oyen en otros foros, pero que son un reflejo de aprendizajes totalmente asumidos por la sociedad en su conjunto. Estos planteamientos espontáneos, así como los debates que suscitan, enriquecen al grupo tanto como las grandes reflexiones filosóficas que les son transmitidas. Son, además, un punto de referencia para los docentes y una fuente de información sobre los prejuicios y estereotipos en los que se mueven las nuevas generaciones, realidad ideológica que hay que conocer para deconstruir.

Hace unos años, en el Instituto de Educación Secundaria en el que trabajo, cuando tratábamos en clase la problemática de la desigualdad hombre-mujer en el marco de otras desigualdades sociales, un estudiante de 16 años me hizo la siguiente pregunta: *Profe, no serás tú una feminista de esas, ¿verdad?* La pregunta, tal como fue formulada, parecía esperar una respuesta negativa que fuera tranquilizadora para el muchacho. Algo así como: *"¡No, no, no. No te preocupes!".* ¿Por qué? ¿Por qué le intranquilizaría una respuesta afirmativa? ¿Qué entendía por "feminista"? ¿Qué entiende la sociedad por "feminismo"? Ese *de esas* con el que calificaba a las feministas tenía una connotación despectiva, pero sugería inmediatamente otra pregunta: *¿De cuáles?* Y con este interrogante le respondí: *¿De cuáles?* El muchacho, de forma totalmente rápida y espontánea, me contestó: *De ésas que salen en la tele y que mi padre tanto odia.*

Esta respuesta da mucho que pensar. La referencia que tiene este adolescente de un concepto como feminismo o feminista es, por un lado, la tele, y por otro, su padre que, como él afirmaba, le transmitía una visión totalmente negativa. Y la televisión, ¿qué visión transmite la telebasura actual de un movimiento como el feminismo? Quizás se refería a esos debates en los que se sienta a hombres frente a mujeres, invitados no se sabe en calidad de qué, chillándose e insultándose. En cualquier caso, la imagen que tenía de feminismo y de feminista es la transmitida por la televisión, mediatizada por una valoración negativa de un varón, pero no de un varón cualquiera, sino nada más y nada menos que del padre, aquel que le sirve de modelo masculino. ¿Es esto expresión de la imagen que reciben y a la que se enfrentan las nuevas generaciones?

Ésta es una pregunta que me he hecho desde entonces. Parece incongruente que se imponga en las nuevas generaciones el discurso antifeminista en un momento en el que mueren mujeres a diario víctimas de la violencia de género. A menudo hay conceptos que adquieren mala prensa en una determinada sociedad porque algunas fuerzas sociales se han encargado de desprestigiarlos. Éstos suelen ser conceptos o temas de los que todo el mundo opina desde su ignorancia, pero que la mayoría no entra a analizar y a conocer. Uno de estos temas es hoy el *feminismo*, término que ya no se puede nombrar sin infundir sospechas. En un mundo donde ya no se lleva la reivindicación del cambio social, donde denunciar la más evidente injusticia sorprende y donde los términos moral y ética suenan a adoctrinamiento del pasado, percibo que las nuevas generaciones se mueven en un machismo solapado instalado en el espejismo de la igualdad y adornado de ficticias libertades. Para profundizar en estas cuestiones he propuesto en mi centro educativo la asignatura optativa *Papeles Sociales de Hombres y Mujeres,* como un espacio en el que trabajar con adolescentes problemáticas relacionadas con las nuevas relaciones de género, de forma vivencial y desde la reflexión ética. Muchos de sus planteamientos y observaciones en clase, reflejo de sus experiencias y expectativas, sus preocupaciones e interrogantes, me sugieren nuevos análisis y han permitido que comprenda más la realidad cambiante en la que estamos inmersos. Ellos y ellas me han hecho entender la necesidad de que la educación ponga su mirada de forma prioritaria en los cambios sociales y las nuevas relaciones de género.

El propósito de este libro es analizar la realidad en la que todos y todas vivimos y clarificar conceptos a todos aquellos jóvenes que hagan a cualquier persona la misma pregunta que me hizo mi alumno en los mismos términos. Especialmente lo dirijo a aquellas personas relacionadas con la tarea educativa porque creo de verdad en el poder transformador de la educación y porque reflexionar sobre estas cuestiones me parece un primer paso para conseguir una sociedad más igualitaria en la que puedan desarrollarse personas más libres. En aquel momento respondí a mi alumno que cuando termináramos la evaluación dedicada a los Derechos Humanos, él mismo se respondería a esa pregunta y quizás, y así lo esperaba, se hiciera otra: *¿No seré yo también un feminista?* Espero que así fuera, como espero que tú, lector de este libro, mujer u hombre, te lo preguntes.

1. El camino hacia la igualdad: un desafío al patriarcado

La dinámica de la libertad y el poder de las mujeres es objetiva. Nadie en particular dirige este proceso y tampoco nadie puede pararlo. Compromete demasiadas expectativas y demasiadas voluntades operantes. Incide en todas las instancias y temas relevantes, desde los procesos productivos a los retos medioambientales. Es una transvaloración de tal calibre que no podemos conocer todas sus consecuencias.

AMELIA VALCÁRCEL

De la diferencia a la desigualdad

Con la revolución agrícola, durante el Neolítico, se iniciaba el camino de la civilización produciéndose importantes cambios en la vida de los humanos, pero con ella comenzaba a gestarse la subordinación de la mujer al varón. El sedentarismo que acompañaba a esta revolución y los excedentes agrícolas que se producían provocaron un aumento demográfico que hacía necesaria una mínima organización social. Surgieron las primeras aldeas y con ellas la propiedad privada y la división sexual del trabajo, por la que las mujeres se dedicaron al trabajo reproductivo –espacio doméstico– y los hombres a otras actividades fuera del núcleo doméstico –espacio público–. La ocupación por el hombre del espacio extradoméstico le permitió afirmar su hegemonía pues paulatinamente fue construyéndose un sistema de dominación complejo, el patriarcado, que arrinconó a las mujeres en el núcleo doméstico durante milenios.

El control de la sexualidad y del trabajo de las mujeres en el espacio doméstico consolidaba la familia heterosexual y monóga-ma como una institución que consideraba a la mujer propiedad del hombre y afianzaba su exclusión del espacio público. La diferencia existente entre hombres y mujeres se transformaba así en una des-igual posición de ambos en la sociedad. La división sexual de las tareas comenzó a justificarse por las naturalezas diferentes de ambos sexos, pero pronto se silenció y se oprimió a un sexo mediante toda la organización social que estaba surgiendo. La exclusión de la mujer del espacio público, pretendidamente por su naturaleza, la apartó del conocimiento y de la política, de la educa-ción y del poder. El sistema de dominación estaba así garantizado y las mujeres quedaban relegadas a un segundo plano.

Los varones harán leyes que perpetuarán la exclusión de las mujeres de muchos tipos de tareas y su reclusión a la vida domés-tica, y otras relativas al matrimonio que consagrarán la autoridad marital y legitimarán la apropiación de su trabajo, de su cuerpo y de su persona, haciéndolas depender de ellos. Los varones elabo-rarán también el conocimiento, construyendo todo un orden sim-bólico *androcéntrico* que oculta y menosprecia lo relacionado con la mujer y sobrevalora lo relacionado con el hombre, convirtiéndose lo masculino en el centro y el eje de la estructura de la sociedad. Los varones crearán también un sistema de valores orientado a mantener la desigual posición de hombres y mujeres, consideran-do la subordinación de éstas de origen natural y por ello, invaria-ble. Intentarán apoyar sus conocimientos –religiosos, filosóficos, científicos– en los prejuicios sobre "lo natural" de la mujer, justifi-cando así su subordinación y dependencia.

Primeramente la Religión, con la institucionalización del monote-ísmo, sustituyó el culto a la divinidad femenina, como símbolo de la fertilidad que da vida, por la idea del dios padre, varón. Después, será la Filosofía la que sustituya a una rica y variada mitología, no exenta de mujeres con poder sobre sí mismas. El conocimiento racional se impone al mitológico. Es la Filosofía, junto con las religiones monoteístas, la que va a racionalizar la desigualdad construyendo ideas sobre la naturaleza súbdita y esclava de la mujer, su origen imperfecto y su carencia de raciocinio e inteligencia, que la convierten en incapaz para la búsqueda de lo sublime y el reconocimiento de la justicia, propios del carácter masculino. Por último, la Ciencia, la Medicina desde sus orígenes y posteriormente la Psicología, introdujeron también prejuicios sobre la naturaleza de la mujer hasta bien entrado el siglo XX. Tanto la Religión como la Filosofía y la Ciencia, en sus intentos de describir el ser de la mujer, lo que terminan haciendo es una descripción de lo que, según los prejuicios masculinos de cada época, deberían ser las mujeres.

Toda esta elaboración histórica construye un pensamiento y una ideología muy arraigados en creencias ancestrales sobre la debilidad-inferioridad de la mujer (lo femenino) y la superioridad-fortaleza del hombre (lo masculino) que ha servido para legitimar la desigualdad. El patriarcado es así, no sólo una estructura social jerárquica, sino toda una cultura androcéntrica heredada del pasado más remoto. Desde entonces, el camino hacia la civilización se olvidó de un sexo. Este origen ancestral del patriarcado explica que resultara casi imposible durante siglos un cuestionamiento moral y político de esta forma de dominación. Como expresa Claudio Naranjo en *La agonía del patriarcado*, parece que la humanidad, como una planta, ha crecido y se ha desarrollado con una enfermedad que contrajo casi al tiempo de brotar. Incluso hoy, la idea de la inferioridad de la mujer frente al varón, en la que se apoyan las diversas *actitudes machistas* existentes en nuestra sociedad, es difícil de erradicar porque tiene, como vemos, profundas raíces en la historia que condicionan todo nuestro psiquismo. La toma de conciencia de esta enfermedad tardó mucho tiempo en producirse y lo hizo con mucha dificultad.

No es que las mujeres no hayan buscado su autonomía a lo largo de la historia. Una cosa es que existieran leyes discriminatorias hacia ellas y otra que todas las mujeres las acataran pasivamente. Mujeres de todas las épocas han desarrollado diferentes estrategias para poder ser autónomas en un entorno en el que no se les permitía serlo. Siempre ha habido, en mayor o menor medida, mujeres que han pretendido ser ellas mismas y se han rebelado a un destino impuesto, aunque tuvieran que desarrollar artimañas y fueran condenadas socialmente por ello. Mujeres guerreras, gobernantas, pensadoras, artistas, influyentes en la vida social desde diversos ámbitos, han existido siempre, aunque fueran pocas y excepcionales, dado que el medio social les impedía acceder a la cultura, a un sustento económico o a la participación política. La Historia, escrita y contada por varones, se ha ocupado de olvidarlas o de no resaltar su importancia. Sin embargo, lo que supone la aparición del pensamiento feminista en el siglo XVIII —momento en el que se produce el marco teórico y político que lo hace posible— es el descubrimiento de fisuras en la milenaria construcción patriarcal: ¿Por qué, si la inferioridad de la mujer es natural, existen tantas leyes para subordinarla y oprimirla? Era la toma de conciencia de la *desigualdad* entre hombres y mujeres y de su *injusticia*. Con esta conciencia se inicia el camino de búsqueda de la igualdad de derechos entre ambos sexos, que no es más que la búsqueda del reconocimiento social del derecho de las mujeres a la libertad y a pretender su autonomía.

Conseguir derechos, cambiar legislaciones hasta lograr el reconocimiento jurídico de la igualdad, ha sido un proceso largo y difícil, con avances y retrocesos y en algunos países todavía no conseguidos. Como señalan José Antonio Marina y María de la Válgoma en su libro *La lucha por la dignidad*, lo que hoy disfrutamos y ejercemos como un derecho y nos parece algo común ha costado un gran esfuerzo individual y colectivo a muchas generaciones.

Sin embargo, este costoso reconocimiento jurídico de la igualdad ha proporcionado una nueva posición a las mujeres que está desafiando al patriarcado. Así, el camino hacia la igualdad que se iniciaba hace más de tres siglos está suponiendo una revolución sociocultural sin precedentes históricos. Una vez reconocida la igualdad de derechos, la emancipación de las mujeres, por sí misma, está transformando la sociedad, como muestran los análisis sociológicos y antropológicos. La posición que poco a poco van adquiriendo las mujeres como ondas concéntricas, modifica la sociedad y empuja al cambio a otras mujeres, pero también a los hombres y a las sociedades en general, extendiéndose la transformación a todos los ámbitos de la cultura a escala internacional. Se la ha denominado *revolución silenciosa,* porque se está produciendo de forma pacífica, sin el empleo de violencia por parte del colectivo oprimido. Es una revolución que nadie dirige pero en la que todos, mujeres y hombres, somos agentes del cambio. Lo significativo de esta revolución es que los cambios sociales que trae consigo son *irreversibles*, es decir, no tienen vuelta atrás (a no ser por gobiernos represores de todos conocidos). Racionalmente y en el marco de los derechos humanos no es argumentable la desigualdad y sostener un discurso misógino en la actualidad resulta anacrónico. La dirección en la que camina la historia es hacia la igualdad y ésta trae consigo transformaciones alternativas al patriarcado.

La hegemonía del patriarcado y su poder simbólico

La *igualdad formal* conseguida en el largo periodo de tres siglos tiende a disimular, no sólo el hecho de que no en todos los lugares del planeta se ha reconocido, sino que, en todos los países del mundo, en iguales circunstancias, las mujeres ocupan siempre posiciones menos favorecidas. Esto se debe a que la estructura socioeconómica y la cultura patriarcal siguen siendo hegemónicas y desarrollan una serie de mecanismos para perpetuarse a través de los agentes de socialización. Éstos transmiten con mucha fuerza ideales de feminidad y masculinidad que mantienen la estructura de dominio y que condicionan el desarrollo personal de hombres y mujeres y de sus relaciones.

Históricamente el sistema patriarcal ha elaborado su propia justificación al presentar la desigualdad sexual como natural, pero en la actualidad, gracias al inmenso trabajo crítico del movimiento feminista, la dominación masculina ya no resulta obvia, ni la desigualdad entre los sexos natural. Sin embargo, que no resulte obvia ni natural, no significa que no siga existiendo sino más bien que todavía es algo que hay que erradicar y de lo que hay que prevenirse. La sociedad sigue siendo patriarcal y sus mecanismos de reproducción se han vuelto más sofisticados, se esconden bajo nuevas justificaciones ideológicas, dando lugar al espejismo de una igualdad ya conseguida.

Uno de estos mecanismos es el del silencio pues al no nombrar las cosas se niega su realidad, se oculta, se invisibiliza. No sólo se ha invisibilizado el papel de las mujeres en la historia o la importancia revolucionaria del feminismo en la conquista de nuevos derechos para la humanidad, sino que se oculta la persistencia de una estructura social desigual tras el mito de la democracia, supuestamente igualitaria. De igual modo, el bombardeo de informaciones de los medios de comunicación y de transmisión de cultura con el que hoy nos encontramos está llevando a pensar en Occidente que la desigualdad de género es algo que pertenece a otras culturas, a otros países, al subdesarrollo, a otras religiones. Esta creencia es una actitud etnocéntrica que alimenta el espejismo de que en los países desarrollados ya existe una equiparación completa entre mujeres y hombres. Aunque, en relación a la universal desigualdad sexual hay niveles que no son comparables (sabemos que hay lugares donde la situación de las mujeres es una auténtica esclavitud), este tipo de mensajes etnocéntricos está produciendo un encubrimiento de la desigualdad que aún existe en los países occidentales.

La dominación masculina no sólo se muestra en las diversas formas de violencia de género o en las actitudes y comportamientos machistas más burdos y exacerbados. El sistema de dominio y poder masculino al que denominamos patriarcado está basado en una estructura económica que conduce a muchas mujeres a la falta de independencia económica. Sabemos que existe una discriminación sexual en cuanto al acceso laboral, tipos de empleo, salarios, puestos en la escala ocupacional. La tendencia a desempeñar trabajos subordinados indica la escasa influencia de las mujeres en las decisiones políticoeconómicas. Existe lo que se ha denominado *techo de cristal,* barrera imperceptible que frena su ascenso profesional a los puestos de alta dirección o de mayor nivel en todos los sectores laborales, a pesar de que la participación femenina aumenta y se diversifica en todos los campos en un proceso que parece ser irreversible. Viendo este panorama en el mundo laboral nos podemos preguntar dónde está la igualdad de oportunidades entre hombres y mujeres. Por otro lado, es sabido que el trabajo doméstico o *trabajo invisible* lo realizan las mujeres sin ningún tipo de remuneración ni valoración. Paradójicamente, este trabajo sostiene toda la estructura social. La utilidad social del trabajo de las mujeres y los beneficios económicos que genera ayudan a mantener la diferente posición de poder entre hombres y mujeres.

Sin embargo, el principio de perpetuación de la relación de dominación se encuentra en el orden simbólico del patriarcado. Esta cultura androcéntrica, inscrita en diferentes instituciones, no sólo sostiene y refuerza la estructura socio-económica discriminatoria, sino que configura el psiquismo de mujeres y hombres bajo los esquemas de la dominación o de la relación desigual entre sexos. Instituciones como la escuela, la familia, los medios de comunicación, el Estado, en cuanto agentes de socialización en interconexión, elaboran e imponen esquemas de percepción y pensamiento universalmente compartidos (por mujeres y hombres) y subyacentes a todos los hábitos y acciones de los miembros de la sociedad. Muchos estereotipos y prejuicios sobre las mujeres y los hombres, sobre sus capacidades, actitudes y aspiraciones, ideales de feminidad y masculinidad bipolares, se imponen perpetuando la relación de dominación. Se nos sigue transmitiendo de forma sutil la superioridad del varón y lo masculino sobre la mujer, y lo femenino se sigue presentando como devaluado, de tal forma que las mujeres interiorizan su inferioridad como los hombres interiorizan su posición de privilegio, asimilando ambos la estructura de dominación.

Estos prejuicios impregnan todo el sistema social, incluido el mercado de trabajo, lo que fortalece y explica las disparidades laborales que siguen siendo una traba para el progreso de la mujer. De este modo, el orden simbólico patriarcal y androcéntrico y el sistema económico discriminatorio para las mujeres se refuerzan mutuamente. Como afirma Pierre Bourdieu, en *La dominación masculina,* "el orden social funciona como una inmensa máquina simbólica que tiende a ratificar la dominación masculina en la que se apoya". De tal forma que hoy, en las sociedades avanzadas, la dominación masculina tiene una dimensión simbólica, es una dominación al margen de cualquier coacción física. Es una forma de "violencia simbólica". La gran fuerza de esta forma de dominación reside en que es a la vez reconocida y admitida, aceptada ideológicamente por parte de los dominadores y de los dominados. El *machismo* como actitud y forma de conducta, individual o colectiva, en el espacio privado o en el público, no es más que la expresión de toda esta maquinaria sociocultural que condiciona la vida entera de las mujeres y también de los hombres y de la que es muy difícil escapar.

Todo este engranaje hace necesario seguir buscando la igualdad que aún no es real. No se cambia una cultura milenaria de un día para otro porque se cambien las leyes. Por un cambio legislativo o un reconocimiento jurídico puede terminar la *discriminación legal* contra las mujeres, pero no la social y cultural, que tiene orígenes ancestrales. El reconocimiento de la igualdad de derechos entre hombres y mujeres, hoy incuestionable, ha sido un paso importantísimo en la historia de la humanidad, pero este reconocimiento no es suficiente para que la igualdad se convierta en un hecho. Siglos de sometimiento de las mujeres, de menosprecio hacia todo lo femenino y de creer en la superioridad masculina como en una verdad, no se cambian de la noche a la mañana por reconocer teóricamente que estábamos equivocados. Muchos cambios en la sociedad tienen que seguir produciéndose (legislativos, laborales, educativos, etc.) para que una cultura ancestral se desmorone, abandone sus valores, sus prejuicios, sus costumbres; y muchas transformaciones se han de dar en las personas de esta cultura, hombres y mujeres, en su comportamiento, en su psiquismo, para que la cultura realmente cambie.

Aunque nos queda mucho camino que recorrer para conseguir la igualdad real de derechos y oportunidades entre mujeres y hombres, aunque existan ciertamente resistencias (en unos países y en unos sectores socioeconómicos más que en otros), la nueva posición de las mujeres y su concienciación al respecto, está produciendo una revolución en la sociedad y en la cultura de enorme trascendencia, pues está gestando otro modo de entender la feminidad y la masculinidad, que cuestiona el orden patriarcal construido desde los orígenes de la civilización y que tan poderosamente se nos impone. Mujeres y hombres hemos de aprender a vivir de otra manera, generando relaciones no jerárquicas entre nosotros. En este proceso estamos y es importante que nos reconozcamos en él como sujetos activos y responsables. Hemos de empeñarnos en la igualdad porque ésta no nos sobreviene por decreto y las relaciones igualitarias no resultan fáciles. Esta tarea nos incumbe a todos, a mujeres y hombres, porque el camino de la igualdad es el camino de nuestra propia liberación de una cultura opresiva para ambos.

2. Un largo y costoso camino recorrido

Estamos acostumbrados a tener derechos, es decir, estamos en la peor condición posible para valorarlos. Acostumbrados a disfrutarlos nos parece que eso es lo "normal". Pero los derechos, que no tienen nada de "naturales", han sido conquistas históricas, fruto de luchas, empeños y tenacidades. Fruto del esfuerzo, la valentía y el sacrificio de personas concretas, del que nosotros ahora nos aprovechamos"

JOSÉ ANTONIO MARINA

Tener derechos, la gran conquista de la humanidad

La Moral, el Derecho, la organización política son construcciones humanas y, como tales, culturales: no hay nada de natural en estos productos de la cultura humana. Como cualquier producto de la elaboración humana, están en continuo proceso de cambio y perfeccionamiento interrelacionado. La consideración del ser humano como un ser dotado de derechos es un proyecto que nos hemos propuesto colectivamente, es el resultado de toda la cultura, de la humanidad en su desarrollo histórico y se fundamenta en un concepto ético también construido a lo largo de la historia, el de *dignidad*. Así, tener derechos ha sido una conquista histórica, la gran conquista de la humanidad.

Lo que hoy consideramos *derechos humanos*, derechos de toda la humanidad, son exigencias éticas basadas en un determinado modo de entender la humanidad: el concepto de *persona* y el de *dignidad* que la define. Aunque desde la

Antigüedad la humanidad ha pretendido tener derechos como una aspiración a tener una vida realmente humana y digna, considerada como algo valioso, es en la Modernidad cuando se van reconociendo nuevas dimensiones de la dignidad humana y consecuentemente se empiezan a reclamar nuevos derechos para tratar de preservarla. El proceso histórico de esta afirmación de derechos, relacionado con la aparición del Estado moderno y un nuevo modelo político, ha sido lento y difícil, iniciándose en el periodo ilustrado y culminando, por el momento, en la *Declaración Universal de Derechos Humanos,* que no es más que una síntesis y concreción de estos derechos.

Intentaré hacer un breve recuento de este recorrido histórico de tres siglos de luchas y reivindicaciones porque considero que un mínimo conocimiento de Historia es necesario pues el ser humano tiene que saber su pasado para poder comprender su presente y vislumbrar su futuro. Este recorrido histórico no es más que el desarrollo de nuestras conceptualizaciones y compromisos éticos.

La Ilustración y la reivindicación universalista de derechos y libertades

La crisis del sistema político desarrollado a lo largo de la Edad Media condujo a un nuevo modelo en el cual se redefinía al ser humano como sujeto de acción política. El modelo en crisis era el Antiguo Régimen, políticamente basado en el absolutismo del poder real y, socialmente, en una organización y jerarquización estamental muy rígida, el feudalismo. Entre los estamentos, a los que se pertenecía por nacimiento o por derecho, había grandes diferencias y desigualdades en cuanto a cargas y privilegios, estos últimos concentrados en la nobleza y el clero. El poder absoluto e indiscutible de los monarcas, la legitimación divina de éstos, convertía a los miembros de los Estados en *súbditos,* caracterizados por una falta de derechos y libertades políticas.

En el siglo XVII surge un nuevo modelo político llamado *contractualista*, basado en la idea de *igualdad* para todos los miembros del Estado y en su *participación política* como integrantes del mismo. Se entendía que para que una sociedad esté legítimamente constituida, debía asentarse sobre la igualdad de los seres humanos, desechando cualquier privilegio por nacimiento. Este modelo político, basado en la *teoría del contrato social* desarrollada por Locke y Hobbes, se perfila en varias direcciones en el siglo XVIII, siendo fundamentales las aportaciones de Rousseau y Montesquieu. En este contexto aparece la idea de *ciudadano,* sujeto con derechos políticos, que sustituye al súbdito y que es el concepto básico de las sociedades democráticas. En éstas se produce una *división de poderes* para evitar la concentración abusiva del poder. El concepto de ciudadano está relacionado con los de *soberanía popular* y *sufragio.*

Estas ideas y el nuevo modelo político se perfeccionan en la Ilustración o siglo de las luces. Como es sabido, este periodo histórico se llamó *Ilustración* por la importancia que se dio a la educación, a la ilustración, como medio de desarrollar una racionalidad que sacara a la humanidad de la ignorancia. Es la educación la que va a liberar al ser humano de la ignorancia y la irracionalidad y la que va a hacer posible su autonomía.

Las ideas liberales, democráticas y laicas de la Ilustración significaban un cambio gradual pero profundo de mentalidad, en la que se imponía la consideración de derechos y libertades indisociables de la naturaleza humana, por tanto, para todas las personas independientemente de su posición por nacimiento. Este espíritu *universalista* inauguraba una *nueva noción de justicia* independiente de cualquier poder y desvinculada de privilegios y de derechos heredados o divinos. El bien de la mayoría debía ser el objetivo de toda ley justa y de todo poder legítimo. Unas mismas leyes para todos, elección libre por el pueblo de los principios que debían regir la vida en común y la formulación de derechos y libertades ligados a todos los seres humanos, son ideas que cristalizan en 1789 en la *Declaración de los Derechos del Hombre y del Ciudadano.*

Esta primera Declaración de derechos elementales, aunque tuvo un precedente en la Constitución americana (1776), se ha considerado el arquetipo de todas las declaraciones posteriores. En ella, basándose en la nueva idea de justicia, se proclamaban y garantizaban los derechos que hoy denominamos *de primera generación*, centrados en la libertad del individuo; son derechos individuales o personales (a la vida, a la libertad, a la expresión, a la propiedad) y derechos civiles y procesales (igualdad ante la ley, derecho a una defensa justa, a la presunción de inocencia, a la participación política). Son derechos que defienden las libertades del individuo frente al poder del Estado –*libertades políticas*–, por lo que exigen que los poderes públicos no intervengan en la esfera privada y garanticen unos mínimos de justicia. Estos derechos convertían al ser humano en ciudadano, alguien que, además de tener unos deberes y obligaciones para conseguir el bien de la mayoría, podía exigir unos derechos y una participación política –sufragio–.

¿Y los derechos de las mujeres? Aparición del feminismo

Sin embargo, la Declaración de 1789, a pesar de su espíritu universalista, como su nombre indica, era de "derechos del hombre", y no otorgaba igualdad de derechos a la otra mitad de la población, las mujeres. En la *Enciclopedia*, obra de recopilación del pensamiento ilustrado en Francia, aparece el término *ciudadano* definido como "miembro de una sociedad libre compuesta de muchas familias que participa de los derechos de esa sociedad". No obstante, de esta consideración se excluía a las mujeres: "no se concede este título a las mujeres, a los niños o servidores más que como miembros de la familia del ciudadano propiamente dicho, pero no son verdaderos ciudadanos", con lo que se seguía el mismo esquema restrictivo de la democracia ateniense. Asimismo, en la *Declaración de Derechos del Hombre y del Ciudadano* de 1789 se diferenciaban dos categorías de ciudadanos: los *activos* (políticamente), varones de más de 25 años, independientes y con propiedades, y los *pasivos*, varones sin propiedades y el colectivo entero de las mujeres. Así, las mujeres, que anteriormente dependían del *súbdito,* ahora dependían del *ciudadano*, pero su situación de subordinación no cambiaba en nada, pues permanecía su desigualdad ante la ley.

Sin embargo, es en el seno de la Ilustración donde surge el feminismo como pensamiento que reivindica la igualdad entre los sexos, cuando se habla de universalidad de la razón y de la libertad como atributos humanos de donde se derivan los derechos universales que se demandaban. Hay que mencionar una producción literaria anterior que exaltaba la valía de las mujeres –el llamado *discurso de la excelencia*– y algunos antecedentes de la reivindicación feminista en voces dispersas, como es el caso de la humanista Christine de Pisan (siglo XV), o el de Sor Juana Inés de la Cruz (siglo XVII) y el Padre Feijoo (siglo XVIII), con reflexiones y denuncias sobre la situación de las mujeres, o el del filósofo cartesiano François Poulain, que expresa ya una vindicación feminista. Sin embargo, es en la Ilustración cuando se empieza a polemizar sobre la *igualdad de derechos* entre mujeres y varones, *generalizándose el discurso vindicativo*. ¿No resulta incoherente predicar unos derechos universales cuando se excluía de ellos a la mitad de la humanidad, las mujeres? La reivindicación de la igualdad para estas excluidas se generó como debate en el interior del pensamiento ilustrado y en torno a la promulgación de la Declaración de 1789, siendo defendida no sólo por mujeres, sino también por voces masculinas como las de Montesquieu, Condorcet, Diderot, Voltaire, D'Alembert.

El feminismo surge, pues, como pensamiento (aunque todavía no sea así denominado) en coherencia con los ideales universalistas e igualitarios de la Ilustración; en este contexto es donde puede conceptualizarse a las mujeres como sujetos autónomos y donde aparece una reivindicación ética de derechos para ellas que les permitían salir de su desigualdad ante la ley. Un representante destacado de esta Ilustración "coherente" fue el marqués de Condorcet, quien en 1790 escribió un tratado titulado *Sobre la admisión de las mujeres al derecho de ciudadanía,* en el que afirma la igualdad como lo que define a la humanidad en su totalidad y la extensión de los derechos políticos a todas las personas. En esta obra denuncia las contradicciones de sus coetáneos que, en relación a los derechos de las mujeres, caen en los mismos prejuicios que la Ilustración pretende desterrar: "Pensad que se trata de los derechos de la mitad del género humano, derechos olvidados por todos los legisladores".

Pero en este debate ilustrado, las mujeres no sólo fueron espectadoras pasivas sino que, como sujetos activos de la praxis política, adquirieron conciencia de grupo y reivindicaron sus derechos con voces que se rebelaban por su exclusión de la ciudadanía, tomando conciencia de la importancia de la lucha por conseguirla. La Ilustración representa una primera etapa del feminismo, el cual surge no sólo como un pensamiento sobre la igualdad, sino como movimiento concienciado de mujeres por la vindicación de la misma, es decir, con un carácter no sólo ético sino también político.

Dos de estas mujeres fueron Olympe de Gouges y Mary Wollstonecraft. La francesa Olympe de Gouges, en 1791, dedicó su *Declaración de los Derechos de la Mujer y de la Ciudadana* a la reina María Antonieta, invitándola a encabezar la liberación de las mujeres. En ella defendía que "la mujer nace libre y permanece igual al hombre en derechos" siendo esta igualdad reclamada por la naturaleza. Es conocida su frase "ya que la mujer tiene derecho a ir al patíbulo, debe tener igualmente el derecho de ocupar la tribuna", con la que pedía que la mujer tuviera un puesto en el Parlamento.

En 1792, la inglesa Mary Wollstonecraft publica su *Vindicación de los derechos de la mujer,* uno de los textos fundamentales del pensamiento feminista en el que defiende la igualdad, la lucha contra los prejuicios sobre las mujeres y exige una educación en igualdad para niños y niñas. Este texto era una abierta contestación a Rousseau quien, a pesar de sus ideas universalistas, consideraba que la mujer era *por naturaleza* inferior al hombre y por ello se la debía educar de forma diferente. Mientras al varón había que educarlo para la libertad, a la mujer, "como esposa, madre y poseedora de otra naturaleza", era necesario educarla en una absoluta sumisión al varón para que éste pudiera cumplir con sus deberes de ciudadano. Aunque en la obra de Mary Wollstonecraft se planteaba un debate político sobre la inclusión o exclusión de las mujeres de la vida pública, su preocupación principal era la *educación* como medio para salir de su posición tradicional y lograr la igualdad. En un momento en el que se concebía la educación como la puerta de la libertad, Rousseau negaba esta posibilidad a las mujeres. Mary Wollstonecraft se dio cuenta de que la situación de desigualdad de las mujeres dependía de la falta de instrucción y de la educación tradicional que recibían, educación que reprimía su naturaleza racional y las hacía dependientes. De este modo, desenmascara la contradicción del pensamiento de Rousseau: si la mujer es por su naturaleza dependiente, ¿por qué empeñarse en educarla para la sumisión? La dependencia no es natural en las mujeres, como pretende Rousseau, sino producto de la educación recibida. La mejor educación para las mujeres, pensaba Wollstonecraft, será la que les permita desarrollarse como individuos racionales y autónomos.

A pesar de que, durante el transcurso de la Asamblea Constituyente francesa, numerosas mujeres lucharon por la igualdad y la equiparación de derechos con el varón, la Constitución de 1793 no reconoció tampoco los derechos de la mujer, a la que negaron (junto a niños y dementes) la consideración de ciudadana. Esto que hoy parece tan lógico, el derecho a una educación igual para chicos y chicas, la consideración de ciudadanas de pleno derecho, fueron en el siglo XVIII ideas totalmente *revolucionarias* que tuvieron que enfrentarse a los prejuicios de la época. La idea de que la mujer es por naturaleza inferior al hombre, especialmente desde el punto de vista intelectual –lo que justificaba entre otras cosas que no accediera a la educación– era un prejuicio de la época con profundas raíces históricas. Este prejuicio, que lamentablemente todavía existe en algunos círculos de nuestras sociedades, estaba profundamente arraigado y extendido y fue reforzado por el pensamiento de Rousseau, quien consideró que la naturaleza reproductiva de la mujer la conduce a la dependencia y a la vida doméstica y ésta es la que le proporciona unas virtudes morales "naturales". Contra los prejuicios misóginos de Rousseau lucharon estas mujeres que, como otras que no han pasado a la historia, fueron excepcionales. Lo fueron porque eran cultas, lo cual era difícil y extraordinario para una mujer en esta época, y también por lo revolucionario de sus planteamientos y su perseverancia en un ambiente hostil.

Podemos afirmar entonces que el feminismo es una revolución en la historia del pensamiento ético-político que se inicia en la Ilustración. Sin embargo, este primer feminismo que plantea la reivindicación de la ciudadanía y que representa las quejas ante los padres de la Revolución Francesa por la omisión de las mujeres, pasa pronto al olvido histórico, un olvido totalmente interesado. ¿Por qué en relación a la igualdad entre varones y mujeres prevaleció la misoginia de Rousseau frente a las ideas más abiertas de otros ilustrados coetáneos, como D'Alembert, Condorcet o Montesquieu? ¿Por qué no se escucharon las voces de aquellas mujeres que, basándose en las propias ideas de la Revolución de igualdad y libertad para el género humano, demandaban también unos derechos obvios para ellas? La estructura de la sociedad burguesa cambiaba en muchas cosas, pero no en su estructura y mentalidad patriarcal, que era perfectamente justificada recurriendo a la natural diferencia entre hombres y mujeres.

El movimiento sufragista

Los derechos proclamados por la Declaración de 1789 representaban todo un avance, pero eran totalmente insuficientes, pues no consideraban a la mujer como un igual ni tampoco a los esclavos e indígenas de las colonias, por lo que no se abolía la esclavitud. Quedaba todavía un largo camino que recorrer para un verdadero reconocimiento de la universalidad de los derechos humanos.

Durante el siglo XIX hubo profundos cambios que hicieron más evidente la necesidad de ampliar estos derechos. A la vez que se producía la expansión colonial de los países europeos se consolidaba la Revolución Industrial, con lo que, además de las mujeres, salen a la luz sectores de población totalmente desposeídos de derechos: esclavos y proletarios.

La Revolución Industrial transformaba no sólo el sistema económico sino la estructura de la sociedad. Una mayor productividad era el resultado de este nuevo sistema económico basado en la introducción de máquinas y en el trabajo asalariado. La consolidación de este nuevo sistema, el *capitalismo*, trajo consigo una nueva estructura social con una radical desigualdad entre dos clases antagónicas: la burguesía, poseedora de los medios de producción, y el proletariado, que no posee nada salvo su trabajo, por el que recibe un salario. Nacía y se concentraba en las ciudades la nueva clase obrera, el proletariado, una nueva clase de explotados, sin derechos civiles, políticos ni laborales.

La demanda masiva de mano de obra para la nueva industria llevó a las mujeres y a los niños a las fábricas, con el consiguiente deterioro general de las condiciones de vida y de trabajo. El proceso de industrialización supuso para las mujeres de clase obrera la entrada en el mercado laboral en desigualdad respecto al varón —en cuanto a salario, horario y condiciones laborales—. Por otro lado, aunque se incorporaban al trabajo fabril, las mujeres seguían realizando el trabajo doméstico, el cual se invisibiliza y devalúa en la medida en que, en la nueva etapa económica, el trabajo se define como "aquel que se intercambia por un salario y se realiza fuera del hogar". Entre las mujeres de la burguesía se dio el fenómeno contrario: su reclusión en el hogar como símbolo de estatus. Sin embargo, esta posición de clase privilegiada no les privó de sentirse propiedad legal de sus maridos. Excluidas de la educación superior, de las profesiones liberales y del derecho a la propiedad, experimentaban, de modo cada vez más patente, su dependencia del matrimonio. Mujeres de la clase social ascendente empezaron a organizarse en torno a la reivindicación del derecho de sufragio considerando que una vez obtenido el voto y el acceso al parlamento podrían empezar a cambiar leyes e instituciones.

Las dos grandes clases sociales –burguesía y proletariado–, a pesar de su protagonismo en los cambios económicos, no disfrutaban del suficiente reconocimiento político. Se estaba produciendo una pérdida de derechos y libertades en relación a lo conseguido tras la Revolución Francesa. Este hecho, unido a los intentos de las monarquías europeas por restablecer antiguos valores absolutistas, provocó una convulsión en Europa con las revoluciones liberales del siglo XIX. Estas revueltas, que minaron el panorama político europeo, se basaban en el *liberalismo*. Fueron levantamientos encabezados y dirigidos por la clase burguesa que exigía más libertad y participación política, una monarquía constitucional (limitada por un marco legal que evitara arbitrariedades e injusticias) y la ampliación del *sufragio* más allá de los estamentos tradicionalmente privilegiados. En estas revoluciones liberales del siglo XIX se produjo un progresivo alejamiento entre la burguesía y el proletariado que comenzaron luchando juntas, al no coincidir las aspiraciones de unos y otros.

En este marco surgen dos movimientos sociales: el movimiento obrero y una nueva ola del feminismo, el movimiento sufragista. Ambos, a través de sus reivindicaciones y luchas activas, buscan el reconocimiento de derechos no conseguidos hasta el momento, poniendo de manifiesto diversas formas de injusticia.

El movimiento sufragista surgiría, a ambos lados del Atlántico, en la segunda mitad del siglo XIX, como una organización de mujeres militantes que centraban sus reivindicaciones en dos cuestiones: el derecho al voto o sufragio y los derechos sociales como la educación en todos los niveles, el trabajo, la propiedad. En 1848, el mismo año en que se publica el *Manifiesto comunista*, se celebró en el estado de Nueva York la *Convención sobre los Derechos de la Mujer* en la que se hizo público lo que se conoce como texto fundacional del feminismo norteamericano. En él se exponían las desigualdades y agravios a los que se veían sometidas las mujeres y se reivindicaba la mejora de sus derechos civiles, sociales y religiosos.

En los Estados Unidos el movimiento de mujeres hunde sus raíces en el *abolicionismo,* al establecer un paralelismo entre la opresión de su sexo y la opresión de los esclavos. La lucha antiesclavista del siglo XIX, en la que participaron muchas mujeres, sirvió de baluarte para el impulso del sufragismo, pues ambos movimientos denunciaban el falso universalismo que excluía del concepto "pueblo" a mujeres, esclavos y nativos. Las mujeres participantes en la lucha abolicionista se entrenaron en el discurso y acción política apelando a la igualdad como un derecho universal. Estas mujeres tomaron conciencia de que la opresión, tanto de las mujeres como de los esclavos negros, que les negaba la condición de sujetos de derechos y las colocaba en situación de servidumbre, sólo podía resolverse por un movimiento político y la acción colectiva. Comenzaba así una segunda etapa del feminismo que, a diferencia de la del periodo de la Ilustración, no eran quejas y reivindicaciones de voces aisladas sino exigencias políticas de grupos de mujeres organizadas y con experiencia en la práctica política. Mujeres norteamericanas activistas como Lucretia Mott, Elisabeth Cady Stanton, Susan B. Anthony y Lucy Stone, en su lucha por el derecho a la propiedad, a la educación y al voto, se convirtieron en pioneras para otras mujeres europeas. En el movimiento británico destacaron mujeres muy activas también, como Millicent Garrett Fawcett, que aglutinó a todas las facciones feministas en la "Unión Nacional de Sociedades para el Sufragio de las Mujeres", y Emmeline Pankhurst, dirigente activista de la "Unión Política y Social de mujeres".

En la segunda mitad del siglo XIX destacan en Gran Bretaña las reflexiones teóricas en defensa de los derechos de las mujeres de Harriet Taylor y su marido, John Stuart Mill. En 1859, Mill publica el ensayo *Sobre la libertad* y, en 1869, *La sujeción de las mujeres,* en colaboración con Harriet, como él mismo reconoce. Como incansable defensor de la libertad individual, Mill denunció con insistencia la falta de ella en el colectivo de las mujeres. Para el matrimonio Mill, la igualdad era vista como una exigencia de justicia y de libertad para el desarrollo autónomo de las mujeres. Tanto J.S. Mill como Harriet Taylor denunciaron la institución matrimonial como una cárcel para la mujer y como el origen de su esclavitud, pues las leyes relativas al matrimonio la dejaban en una incapacidad civil y dotaban al marido de una autoridad ilegítima. Coherentes con su pensamiento, ambos firmaron un contrato privado donde él renunciaba a los privilegios que le otorgaba el matrimonio. En sus obras proponen reformas relativas a la igualdad en el matrimonio, el derecho al divorcio, el derecho a la educación y al trabajo en todas las profesiones, y el derecho al voto que Stuart Mill presentó como petición al Parlamento.

Para Mill la conquista de la igualdad de las mujeres no sólo reportará ventajas para ellas sino para el conjunto de la sociedad, pues ésta se beneficiará de mayor número de facultades intelectuales. La obra de J.S. Mill suponía un apoyo teórico tanto al sufragismo norteamericano como al británico. Sin embargo, a pesar de la importancia de su filosofía liberal, *sus ideas feministas,* totalmente coherentes con ella, no han pasado a la historia como parte integrante de su sistema de pensamiento. Otro olvido interesado. Harriet Taylor escribió obras con ideas feministas más radicales que las de su esposo y muy adelantadas y atrevidas para su época que tampoco son muy conocidas, como *La concesión del derecho al voto de las mujeres* y *Ensayos sobre matrimonio y divorcio.*

Al iniciarse el siglo XX los movimientos sufragistas introducen métodos de lucha no violentos muy novedosos: organizaban manifestaciones masivas de mujeres, interrumpían mítines de los políticos, ponían grandes pancartas en sitios públicos, hacían encadenamientos, resistencia pasiva como negarse a pagar impuestos. Miles de mujeres de clase media fueron encarceladas por defender estas ideas e intentaron ser tratadas como prisioneras políticas. Al no conseguirlo, en las cárceles hacían huelga de hambre para forzar su salida. Entre sus prácticas se incluía la *desobediencia civil.* El movimiento sufragista, al estar integrado por mujeres que carecían de mínimas posiciones de poder (económico, educación, reconocimiento social, legal, político), tuvo que desarrollar nuevas y creativas estrategias de lucha. A partir de 1913, lo que se había denominado, tanto a un lado como al otro del Atlántico, *la causa de las mujeres, los derechos de las mujeres, el sufragio de las mujeres* o la *emancipación de las mujeres* se empieza a conocer con el término *feminismo*. La conciencia de las mujeres de pertenecer a un grupo oprimido y la invocación a la solidaridad entre ellas se extiende a diversos países de tal forma que a principios del siglo XX el movimiento de mujeres y la conciencia feminista se internacionaliza, como lo hizo medio siglo antes el movimiento obrero.

Las sufragistas fueron mujeres luchadoras que, aunque no actuaban en solitario sino en grupos muy concienciados, se encontraron con la incomprensión de la mayoría, que las rechazaba acusándolas de transgresoras y prejuzgándolas como masculinas, lesbianas, radicales e irresponsables o licenciosas en cuanto a la sexualidad. A pesar de este rechazo, este movimiento organizado de mujeres consiguió que lo que hasta entonces eran quejas y opiniones se empezara a tomar en serio como búsqueda justa y justificada del reconocimiento de un derecho, abriendo el camino a la participación política de las mujeres en las decisiones colectivas. El derecho al voto de las mujeres se fue consiguiendo a lo largo del siglo XX muy lentamente, con mucha dificultad, sin demasiados apoyos y con muchas resistencias. En el estado norteamericano de Wyoming se reconoció el derecho al voto de las mujeres en 1869. En 1870 se extendió en todo el país a los varones negros, y para las mujeres en 1920. El reconocimiento del voto femenino en Europa se data en distintas fechas según los países: Dinamarca en 1915, Rusia en 1917, Austria, Luxemburgo e Irlanda en 1918, Alemania y Suecia en 1919, Gran Bretaña en 1928, Francia e Italia en 1945, Suiza en 1971...

En España el derecho al voto de las mujeres se consiguió en 1931, al iniciarse la II República. La Constitución de este año reconoció la igualdad jurídica entre los sexos en el trabajo y en la política, y las mujeres pudieron ser elegidas para la cámara de los diputados. Todos estos logros no se consiguieron por un movimiento feminista estructurado y organizado que a principios de siglo era inexistente. La labor de Emilia Pardo Bazán y Concepción Arenal en el siglo XIX fue seguida en el XX por el empeño de mujeres pioneras convencidas de la necesidad de cambios legislativos para acabar con las discriminaciones hacia la mujer, como Victoria Kent, Margarita Niken y Clara Campoamor. Es de destacar el esfuerzo de Clara Campoamor quien, en contra de su propio partido de izquierdas, defendió con fuerza desde el Parlamento el derecho al voto para las mujeres.

Luchas de obreros y feministas, y conquista de nuevos derechos

El movimiento obrero internacional en sus diferentes tendencias, anarquista, socialista y comunista, tuvo una gran influencia en los cambios sociales de los siglos XIX y XX y en la definición de los derechos humanos modernos. Este movimiento social luchó por la legalización de los partidos socialistas y los sindicatos a principios del siglo XX, los cuales habían denunciado la carencia de los derechos y libertades proclamados en 1789 y reivindicaban otros que hasta entonces no habían sido contemplados por ningún gobierno. Estos nuevos derechos que hoy son reconocidos por la Declaración Universal de los Derechos Humanos son los llamados *derechos de segunda generación*.

Si los denominados *derechos de primera generación* se centraban en la *libertad*, los de la *segunda* se apoyan en la *igualdad social*. La libertad es un derecho, pero puede convertirse en meramente formal, sólo escrito sobre papel, si no va acompañado de otros derechos. Para realizarse como ser autónomo, para poder ser realmente libre, el ser humano necesita, además, unas condiciones materiales, el disfrute de unos bienes económicos, sociales y culturales. Los *derechos de segunda generación* son derechos económicos (derecho al trabajo, a sindicarse, a un salario digno, etc.), sociales (derecho a la salud, a la asistencia social, a pensiones de vejez, a la protección contra el desempleo, etc.) y culturales (derecho a la educación y a la cultura). Es absurdo pensar que todos tenemos derecho a la dignidad personal y a la libre elección de nuestras vidas si no existe igualdad de oportunidades, por ejemplo, en el acceso a la cultura, a la salud o al trabajo.

Estos *derechos de segunda generación* fueron el producto de las reivindicaciones del movimiento obrero de los siglos XIX y XX y requerían una política activa de los poderes públicos encaminada a garantizar su ejercicio. La mujeres se unieron activamente a la lucha obrera pues, como trabajadoras de las fábricas, eran las que tenían peores condiciones laborales. No olvidemos que las reivindicaciones feministas ya desde la Ilustración se centraban en luchar por derechos sociales como el derecho al trabajo y a la educación, a la que consideraban la llave para otro tipo de conquistas. Así, la lucha en favor de los derechos de la mujer se identificaba con las reivindicaciones del movimiento obrero. Precisamente, el día 8 de marzo se celebra el *Día Internacional de la Mujer Trabajadora* para hacer patente la discriminación de las mujeres en el mundo del trabajo, que aún hoy existe, y en recuerdo de aquellas mujeres que en el siglo XIX comenzaban a protestar por ella. La fecha ha sido elegida en memoria de las obreras americanas que el día 8 de marzo de 1857 murieron encerradas en la fábrica textil donde trabajaban por reivindicar un salario digno y la igualdad entre hombres y mujeres en relación al trabajo.

Sin embargo, aunque el movimiento sufragista se consideraba cercano a las reivindicaciones del movimiento obrero y ambos avanzaban en paralelo, su relación era muy ambigua. Desde este último se consideraba que con el socialismo desaparecería el patriarcado, pues terminaría, primero, con la explotación del hombre por el hombre y, después, con la de la mujer por el hombre que, en palabras del propio Engels, es "la proletaria del proletario".

En su obra *El origen de la familia, la propiedad privada y el Estado*, (1884) Engels afirmaba que la opresión de la mujer se produce a través del matrimonio y la familia monógama y por la apropiación por parte del varón de dos factores: la propiedad privada y el control de la sexualidad y del trabajo de la mujer en el núcleo doméstico. La opresión de la mujer y su desigualdad no se atribuían a causas biológicas, sino que se insertan en la explotación económica, por lo que supuestamente el triunfo de la revolución socialista traerá consigo la emancipación de las mujeres. Sin embargo, el movimiento obrero antepuso la igualdad de clases a la igualdad de sexos, debilitando y absorbiendo las reivindicaciones feministas en el conjunto general de las reivindicaciones obreras.

La demanda sufragista del voto para las mujeres no fue apoyada por el movimiento obrero, que supuestamente iba a ayudar a las mujeres en su liberación. En Gran Bretaña, donde la lucha de las mujeres fue muy activa y organizada, partidos conservadores y progresistas se oponían a permitirles el derecho al voto en las elecciones nacionales. Los primeros, por claros prejuicios misóginos, que consideraban que el puesto de la mujer estaba únicamente en la familia, y los segundos, porque pensaban que el voto de la mujer era un voto conservador, contrario a sus intereses.

En el interior del propio ámbito socialista, a pesar de la teoría, había numerosos detractores que utilizaron diferentes argumentos para oponerse al trabajo asalariado de las mujeres, como la protección de la sobreexplotación de la que eran objeto, el elevado número de abortos y mortalidad infantil, el aumento del desempleo masculino, el descenso de los salarios, etc. Todos ellos ocultaban la real antipatía de muchos varones socialistas hacia la emancipación de la mujer. Las mujeres socialistas se reunían y organizaban dentro de su propio partido para discutir sus problemas específicos, pues para la dirección del mismo no era una cuestión prioritaria. Además, el socialismo insistía en las diferencias de clase que separaban a las mujeres. Muchas mujeres socialistas, aunque apoyaban las demandas de las sufragistas, también las consideraban enemi-

© narcea s. a. de ediciones

gas de clase que no se comprometían con la causa obrera, generándose desunión entre ambos movimientos. A pesar de esta relación ambigua, las reivindicaciones en favor de los derechos de segunda generación parecían imparables hasta que fueron interrumpidas bruscamente con la I Guerra Mundial.

Más tarde, hacia 1920, las ideologías fascistas se propagaron por Europa con bastante rapidez. Estas ideologías proclamaban abiertamente la desigualdad entre los sexos y entre las razas, desigualdades que consideraban naturales, por lo que negaban los derechos humanos y la democracia.

Al finalizar la II Guerra Mundial el mundo descubrió con horror la mayor vulneración de los derechos humanos más elementales, con una magnitud como no se había conocido anteriormente en la historia. Ante los crímenes cometidos, los Estados vencedores se plantearon la necesidad de crear un *Derecho Internacional* para velar por la dignidad humana por encima de los Estados. En 1945 se funda la Organización de Naciones Unidas, con el objetivo de evitar que vuelvan a producirse acontecimientos bélicos y la brutal vulneración de los derechos humanos. Su Carta fundacional, *La Carta*, como se conoció, era la primera declaración de intenciones que hablaba por primera vez en nombre de la humanidad. En ella, una de las primeras tareas que se planteó la ONU fue elaborar un catálogo de derechos privados, personales, en el que se recogieran lo que se consideran *exigencias de la dignidad humana*, exigencias que tendrían que ser respetadas por todos los individuos y países del mundo. En 1948, la ONU, inspirándose en la Declaración de 1789, aprobaba y firmaba la *Declaración Universal de los Derechos Humanos*, que defendía los derechos humanos fundamentales como derechos absolutos e inviolables y, por primera vez, los consideraba *universales*, es decir, extensibles a *todos* los seres humanos, independientemente de su condición natural o social.

Aunque en momentos como el actual sintamos desaliento por las situaciones de guerra, pobreza, desigualdades y opresiones diversas en diferentes zonas del planeta, la Declaración de 1948 es un acontecimiento importante y esperanzador porque tiene un valor internacional y abre una nueva perspectiva ética por la que caminar: esta Declaración es hoy la base del Derecho Internacional y de la mayoría de las Constituciones del mundo. Significa que nuestro proyecto mundial es *igualitario,* al menos como deseo, y esto no es meramente retórico, sino que tiene mucho valor en cuanto plataforma desde la que exigir y mantener los derechos universales. La *Declaración Universal de los Derechos Humanos* de 1948 expresa un *compromiso moral,* pero corresponde a los Estados firmantes crear la base legal y jurídica para que se respeten y garanticen y se castigue su incumplimiento.

El siglo XX y los movimientos de liberación de la mujer

La Declaración de 1948 reconoce en sus artículos 1 y 2 la *igualdad de todos los seres humanos y la universalidad de todos los derechos y libertades que ella proclama.* Así, desde un punto de vista jurídico, la *igualdad* forma parte consustancial de los derechos humanos y es eje fundamental de cualquier ordenamiento democrático. Sin embargo, pese a poder votar y a haber obtenido esta igualdad formal, las mujeres, como otros colectivos, no han conseguido la igualdad real de oportunidades. La igualdad formal es necesaria, pero no suficiente. Para que sea real es necesaria la transformación de toda la sociedad, de sus instituciones socioeconómicas, políticas, culturales e ideológicas. La sociedad sigue siendo patriarcal y sus mecanismos de reproducción se esconden tras un orden simbólico interesado. El hecho de que se haya reconocido la igualdad desde el punto de vista ético y jurídico oculta la realidad de la desigualdad que aún persiste.

El siglo XX se ha denominado "el siglo de las mujeres" porque, a lo largo del mismo, el mundo occidental ha asistido a un cambio profundo en la situación de las mujeres. Sin embargo, muchos de los logros de la primera mitad de siglo sufrieron un retroceso en la segunda mitad, tras la II Guerra Mundial. Durante las dos guerras,

las mujeres tomaron las riendas de la actividad económica manteniendo la producción en ausencia de los hombres en edad activa.
La paz significaba el regreso de los hombres a sus puestos de trabajo, y las mujeres tuvieron que volver a los oficios tradicionales de
mujeres o a sus hogares como amas de casa, aunque muchas lucharon por quedarse en sus nuevos empleos. La escasez de trabajo
durante la posguerra y la necesidad del incremento de la natalidad
para la reconstrucción nacional llevó a los gobiernos a generalizar
una propaganda obsesiva sobre la felicidad doméstica como ideal
de vida para la mujer, el ideal del ama de casa. Este ideal que se
imponía, junto al de *sex-simbol* de la cinematografía estadounidense, significó una vuelta atrás para las mujeres. En Estados Unidos,
pero también en países europeos (según coyunturas), el salario de
las mujeres se redujo en relación al de los varones, descendió también el número de licenciaturas universitarias femeninas, bajó la
edad media de las mujeres para casarse y se produjo un *boom* de
natalidad. La gran decepción de la segunda mitad del siglo XX fue
comprobar que el *capitalismo* como sistema de explotación no había
desaparecido y el *patriarcado* como sistema de dominación tampoco, más bien se habían resuelto en una perfecta síntesis.

Este retroceso de la situación de las mujeres fue el detonante
para la aparición de un nuevo feminismo. Una vez conseguido el
voto y el reconocimiento jurídico de la igualdad, el feminismo
parecía no tener sentido. Algunos productos del desarrollo científico y técnico prometían nuevos caminos de liberación para la
mujer, especialmente el descubrimiento de la píldora anticoncepti-
va, que suponía un control de su reproducción y de su propio
cuerpo, y el de los electrodomésticos, que disminuían muchísimo
el trabajo doméstico. Sin embargo, el control de la natalidad era un
tema de Estado y el uso de anticonceptivos tenía que ser legaliza-
do, lo cual no se consiguió hasta 1960-1970 (en España, en 1978).
El trabajo doméstico disminuía con los electrodomésticos pero
seguía siendo un trabajo asignado a la mujer, la cual se veía confi-
nada a la confortable prisión del hogar. Las mujeres no sentían que

sus circunstancias les permitieran *realizarse como personas*, ni las amas de casa, ni las que habían conseguido trabajar en sus propias profesiones. Había un extendido malestar entre las mujeres.

Así las cosas, aparece una nueva ola en la historia del feminismo que pasa de las denuncias y reivindicaciones del periodo anterior, el sufragista, al intento de dar explicaciones a la opresión que sienten las mujeres. Esta tercera etapa del feminismo abandona la exigencia del reconocimiento jurídico de la igualdad, según se va consiguiendo, para centrarse en el desenmascaramiento de las condiciones socio-económicas e ideológicas del patriarcado que de hecho no hacen posible la igualdad de oportunidades entre hombres y mujeres.

Se trata del feminismo de los años sesenta y setenta, que introduce en sus reivindicaciones la *liberación sexual* (legalización del uso de la píldora, del aborto, del divorcio, etc.) y acompaña a otros movimientos sociales alternativos como lucha racial, pacifistas, hippies, nueva izquierda, etc., que también cuestionan las raíces de una sociedad que tiene como base la igualdad, desvelando sus presupuestos ideológicos. Este nuevo feminismo, aunque sigue teniendo como objetivo la ampliación de derechos de las mujeres y el reconocimiento pleno de la igualdad, se preocupa por la toma de conciencia del colectivo de las mujeres respecto a su subordinación, denunciando tanto la invisibilidad del trabajo doméstico como los estereotipos femeninos imperantes (mujer-esposa, mujer-madre, mujer-objeto sexual). El objetivo del feminismo se va ampliando: el término *igualdad* –legal– se va a ir desplazando hacia el de *liberación*. Es ahora un movimiento no sólo reivindicativo sino emancipador. La nueva perspectiva, *movimientos de liberación de la mujer*, dirigía sus denuncias y demandas, no ya sólo al Estado, como hiciera en el período anterior el movimiento sufragista, sino a las mujeres para que, a través de sus experiencias personales y colectivas, tomaran conciencia de los sutiles mecanismos de la opresión del patriarcado. Importantes obras escritas por mujeres abrieron el camino de este nuevo feminismo, a la vez que cuestionaron muchos de los conceptos e ideas arraigados en las ciencias humanas como la Psicología, la Sociología, la Antropología y la Teoría Política.

En el campo de la Antropología Cultural las investigaciones de Margaret Mead fueron un antecedente decisivo al examinar la relación entre personalidad y cultura a través del estudio de la psicología de los sexos en distintas sociedades. En 1939, había publicado *Sexo y temperamento en tres sociedades primitivas*, obra en la que expone un análisis comparativo de tres pueblos primitivos situados en la Polinesia, llegando a la conclusión de que muchos de nuestros supuestos sobre masculinidad y feminidad son culturales: en otras culturas, tales diferencias psicológicas entre los sexos pueden no existir o darse de manera muy diferente e incluso opuesta. Esta obra resultaba demasiado alarmante para la mayoría, pues suponía afirmar que los rasgos de la personalidad masculina y femenina no son sólo cuestión de hormonas, idea muy extendida hasta el momento. Margaret Mead no sólo revolucionó una ciencia joven como la Antropología sino que dedicó su vida a popularizarla con interesantes descripciones de comportamientos culturalmente diferentes en artículos periodísticos y conferencias por diversos países. La obra de Mead abría indudablemente una nueva perspectiva para la Psicología Social pero, sobre todo, brindaba nuevos argumentos al pensamiento feminista, al considerar que las personalidades femenina y masculina no son un producto inmutable de la naturaleza, sino que derivan de una particular estructura cultural.

Junto a las contribuciones de la Antropología Cultural y la Psicología Social, la precursora de la nueva perspectiva del feminismo fue la filósofa existencialista y escritora francesa Simone de Beauvoir que en 1949 publicó *El segundo sexo*, un hito para el feminismo contemporáneo, un cierre a la etapa sufragista y la apertura de esta tercera etapa, estableciendo así continuidad en el movimiento. Este libro analiza la realidad femenina, la condición femenina, desde una perspectiva antropológica. sociológica, psicológica e histórica. Según de Beauvoir ese natural femenino que se atribuye a las mujeres es una construcción histórico-cultural y, aunque las ideas establecidas apuntan a una *esencia femenina*, "no se nace mujer, se llega a serlo". Desde los presupuestos de la filosofía existencialista, que considera al ser humano como un ser que se hace o construye con sus decisiones, Simone de Beauvoir plantea que la mujer, como el varón, no nace con una esencia de mujer, por lo que no se tienen que presuponer en ella ciertos atributos "femeninos". Pero, mientras el varón se hace o construye de forma independiente inventándose a sí mismo, la mujer es o se hace en cuanto el varón la califica, es decir, es un ser relativo al varón. Es "la otra", el segundo sexo. Esto la coloca en una situación de desigualdad y de opresión para su realización personal. Ser mujer no significa ser un individuo autónomo, sino ser dependiente.

Este libro mostró la evidencia de una desigualdad real entre mujeres y varones, basándose en los condicionamientos psicosociales e históricos de la identidad femenina. Analizando en la historia del pensamiento los mitos y prejuicios con los que se concibe a la mujer en la Biología, el Psicoanálisis, el Materialismo histórico, Beauvoir niega la existencia de "lo femenino" como esencia natural de la mujer y afirma el complejo origen cultural y social de lo que es "ser una mujer". Junto a la obra de Mead, *El segundo sexo* es una anticipación teórica a la investigación feminista de 1960-1970, la cual desde una perspectiva interdisciplinar intenta explicar y denunciar las causas de la subordinación de la mujer. Con esta obra se inicia para el feminismo un nuevo camino: *el de la explicación de la subordinación de las mujeres*.

En esta línea de pensamiento, la psicóloga social Betty Friedan escribió en 1964 otro gran libro, *La mística de la feminidad*, que supuso una revitalización del feminismo estadounidense en un momento en el que parecía haber desaparecido, una vez logrado el derecho al voto. En esta obra Friedan llama el "problema sin nombre" a la opresión que siente la mujer que no le permite realizarse como persona. Analiza el ideal místico de felicidad, construido en la sociedad norteamericana tras la II Guerra Mundial, que conduce a la mujer

© narcea s. a. de ediciones

a la calidez del hogar como aspiración suprema. Desde la publicidad, pero también desde interpretaciones pseudocientíficas de la Psicología y la Sociología, se transmite la idea de que la pretendida igualdad entre hombres y mujeres atenta contra la estructura social, se presentan imágenes deformadas y denostadas de las mujeres que se salían del canon y se valora desmesuradamente la de la mujer ama de casa. Esta ola conservadora y tradicionalista relegaba a las mujeres al ámbito doméstico a través de esta configuración ideológica que Friedan denomina *mística de la feminidad*. El problema que no se nombra y que se obvia es el malestar y la frustración de las mujeres que aceptaron la trampa de tal *mística*. Muchas mujeres pudieron descubrir con este libro que no debían sentirse culpables si no eran felices realizando sus labores como madres y esposas. La búsqueda de formación, cultura y cualificación para desarrollar un trabajo en el que poderse realizar era la salida que veía Friedan a esta opresión y malestar de las mujeres.

Según *La mística de la feminidad,* la emancipación de la mujer depende de su incorporación laboral. Sin embargo, la desigualdad de las mujeres no se resolvía saliendo a buscar trabajo, sino que su sobrecarga era cada vez más evidente. Obras como *Política sexual,* de Kate Millet (1969) o *La dialéctica del sexo,* de Shulamith Firestone (1973) analizaron y denunciaron la estructura social en la que se encuentran insertas las mujeres como una estructura de dominación que las oprime de forma físico-psicológica y que va más allá de su falta de independencia económica. Este nuevo análisis de la estructura social, unido al sentido utópico de estas obras llevó a que el feminismo de la época diera un giro hacia lo que se ha llamado "feminismo radical".

Para Millet, el patriarcado es una estructura de dominación universal que el poder masculino ejerce sobre las mujeres en todos los contextos de la vida, tanto públicos como privados. El sistema de dominación abarca tanto la opresión en el matrimonio y en la familia, a través de la asignación de roles desiguales, como la opresión sexual a través de la prostitución, la pornografía, la falta de

libertad para abortar, la violencia sexual, etc. Por esto, el patriarcado, según Millet, es una "política sexual universal" que, como cualquier otra política de dominación, ejerce la fuerza, aunque en este
particular sistema, la ejerce de forma simbólica y menos evidente
por tratarse de pautas de comportamientos institucionalizadas e
interiorizadas. La igualdad de oportunidades no significa una igualdad en la vida real de las mujeres, cuando no se altera el ámbito
doméstico o cuando no se termina con prácticas como el maltrato doméstico, la prostitución y la pornografía, que tratan a las
mujeres como un objeto sexual y son formas de violencia contra
ellas. La separación entre ámbito público y privado o doméstico
deja indefensas a las víctimas, atentándose contra su dignidad en
silencio, pero con impunidad.

Sulamith Firestone también consideró que el sistema patriarcal
oprime a las mujeres en todos los contextos de la vida y de forma
sutil, pero estima que es especialmente en la práctica sexual donde
se da la mayor explotación de los hombres sobre las mujeres. Insis-
tió en que el fundamento de la opresión está en la procreación, que
da lugar a las "clases sexuales" biológicamente definidas y que es
el sustrato de todo un sistema de relaciones desiguales. Las mujeres son una clase biológica, explotada y dominada por su función
reproductora, la maternidad.

El pensamiento de Millet y Firestone fue básico para la lucha
política del feminismo de los setenta. Una de las afirmaciones cen-
trales de la obra de Millet, *lo privado es político*, se convirtió en la consigna de este feminismo. Mostrando el patriarcado como forma
política de dominación se entiende el feminismo como solución
política al mismo.

Estas y otras importantes obras de estos años pusieron al descubierto el trasfondo ideológico del trabajo de la mujer en el hogar,
y de los ideales de feminidad que se le han impuesto históricamente. El universo simbólico en el que se mueven las mujeres, del que
no se tiene conciencia, pues resulta imperceptible sin un análisis en
profundidad, impide su desarrollo personal en una situación de

igualdad con los varones. Por otro lado, la estructura socioeconómica y política enmascara un funcionamiento opresor para las mujeres en los ámbitos público y privado. Al poner en tela de juicio no sólo la división sexual del trabajo, sino la tradicional familia nuclear, la perspectiva feminista de esta línea de pensamiento pronto se ganó el calificativo de "radical" y se interpretó a veces como "contra el varón y lo masculino" como sujeto opresor. Sin embargo, mostrando que existe un condicionamiento ideológico fuerte, invisible y profundo en la construcción de la identidad femenina, que es totalmente discriminatorio, estas obras han hecho entender a muchas mujeres su malestar, a pesar de que teórica y jurídicamente se ha conseguido la igualdad y han abierto una nueva perspectiva, *la perspectiva de género*, en la ciencia y en la cultura, clave muy fructífera en todos los ámbitos del conocimiento.

El camino hacia la igualdad continúa

El feminismo de la década 1960-1970, desde un enfoque liberal o socialista o desde el llamado radical, siguió avanzando en el logro de derechos de las mujeres, como los relativos a la elección en temas de reproducción (control de natalidad, aborto) y en los cambios legislativos sobre la igualdad de oportunidades en diversos ámbitos. Los temas de discriminación por razón de sexo progresivamente se han ido evidenciando, lo cual ha ido exigiendo medidas correctoras por parte de los Estados. Desde la idea de que la igualdad de oportunidades no es posible de forma real si se parte de posiciones sociales desiguales, se entiende que el Estado debe tratar a las personas de forma igual, pero prestando mayor atención a los que nacen en una posición social menos favorecida, como uno de los presupuestos de la justicia social. Así se han ido exigiendo políticas de acción afirmativa o *discriminación positiva*. Durante la década 1980-1990 se empiezan a impulsar estas políticas de acción afirmativa como estrategias para alcanzar mayor igualdad, de tal forma que en los países occidentales ha habido notables resultados a medida que se ha ido avanzando en el *estado del bienestar*.

Desde finales de los años setenta, la ONU y la Unión Europea han establecido disposiciones para promover la igualdad de oportunidades entre los sexos, lo que obliga a los Estados a invertir recursos llevando a cabo acciones concretas que impulsen dicha igualdad. En este marco se crea en España en octubre de 1983 el Instituto de la Mujer, organismo autónomo dentro del entonces Ministerio de Cultura, lo que significó el reconocimiento oficial de la necesidad de introducir medidas para acabar con la discriminación de la mujer.

Del mismo modo, los organismos internacionales están reconociendo desde la década de los setenta que la igualdad de derecho que se ha conseguido no supone una situación de igualdad de hecho, por lo que se organizan *Conferencias Mundiales sobre la Mujer* donde se reflexiona sobre la situación real de las mujeres en el mundo y se estudian modos y estrategias para eliminar todas las formas de discriminación hacia ellas. Las *Conferencias Mundiales sobre la Mujer* reúnen a delegaciones de todos los países para tratar temas que afectan específicamente a las mujeres y acuerdan medidas sobre las acciones que deben emprenderse. Estos acuerdos se traducen en *Plataformas de Acción* que los países participantes se comprometen a poner en marcha. Ha habido cuatro Conferencias Mundiales de este tipo y desde la primera se reconoce la importancia del desarrollo y emancipación de las mujeres de todos los países como contribución en el desarrollo y la paz mundial. Esto es importante porque se reconoce que la emancipación de la mujer no es sólo deseable porque sea buena para ella, lo cual es ya suficiente si pretendemos la justicia, sino que es deseable porque es buena para el mundo. La igualdad es una cuestión de justicia para las mujeres y para la humanidad: el desarrollo de los países y la paz mundial dependen, en parte, de ella. La I Conferencia se celebró en México en 1975, la II en Copenhague (Dinamarca) en 1980, la III en Nairobi (Kenia) en 1985 y la IV en Beijing (China) en 1995.

En ellas, los gobiernos se comprometieron a movilizar recursos a nivel nacional e internacional para eliminar todas las formas de discriminación contra las mujeres y niñas, suprimir los obstáculos jurídicos y culturales que impiden su avance, luchar por erradicar la pobreza e incentivar su independencia económica, entre otras medidas. En todas ellas se proclama que *los derechos humanos de las mujeres son inalienables y constituyen parte integrante e indivisible de los Derechos Humanos Universales.*

Desde las Organizaciones de Cooperación al Desarrollo se insiste en que las desigualdades de género no sólo afectan a las mujeres sino al desarrollo de los países. La OCDE reconoce la igualdad de género como un tema transversal que repercute en todos los sectores y que ha de ser meta fundamental del desarrollo y la cooperación internacional. En el año 2000 la Asamblea de Naciones Unidas, en la llamada Cumbre del Milenio, fijó como uno de los objetivos prioritarios para el Desarrollo "promover la igualdad de género y la autonomía de la mujer".

Como vemos, la igualdad entre hombres y mujeres es una *preocupación internacional.* Por parte de la mayoría de los Estados se reconoce que esta igualdad no se da de hecho y se considera un ideal de interés común de mujeres y de varones, y de responsabilidad política nacional e internacional. El feminismo, considerado como ese caminar hacia la igualdad, no es sin más la ideología de algunas mujeres, sino la lucha conjunta por una sociedad más justa, de seres humanos más libres. En este sentido, no es un movimiento social trasnochado o anacrónico, como a veces se pretende presentar. El feminismo tiene ya una historia, pues muchas de sus reivindicaciones del pasado son derechos que hoy ejercemos. Pero que tenga historia no quiere decir que haya concluido y no tenga hoy sentido, más bien al contrario: es un proyecto ético-político asumido, mal que bien, por los Estados –no todos– como una transformación social hacia la justicia, introducida en todas sus políticas. El discurso misógino es el que hoy es totalmente impensable e indefendible en el ámbito de la política social.

En los años 1980-1990 el pensamiento feminista desarrolló nuevas perspectivas, presentándose mucho más diverso y heterogéneo, como veremos en el capítulo 6 al hablar del llamado *feminismo de la diferencia sexual*. Además de preocuparse de desenmascarar los mecanismos de la opresión y de denunciar las diversas formas de discriminación y de violencia contra las mujeres, el feminismo de las últimas décadas se ha centrado en destacar la *especificidad de las mujeres*, su forma particular de enfrentarse al mundo, revalorizando los rasgos y cualidades femeninas y mostrando una nueva feminidad no asociada a la sumisión y a la dependencia. El esfuerzo de parte del feminismo contemporáneo se centra en el desarrollo de la autoconciencia y la autovaloración de las mujeres para que puedan recuperar su condición de sujetos con identidad propia y, desde ahí, puedan proyectarse como protagonistas y promotoras de cambios más profundos y también más globales. Nos encontramos, pues, en una nueva etapa del recorrido histórico del feminismo. Las tareas y propuestas que hoy lleva a cabo el movimiento feminista en su lucha contra el patriarcado son tan diversas y tan amplias que más que de feminismo hay que hablar de feminismos. Las Conferencias Mundiales sobre la Mujer han puesto de manifiesto esta realidad diversa del feminismo contemporáneo. No obstante, la búsqueda feminista de la justicia sigue hoy existiendo, es de total actualidad y es una tarea inacabada cuya responsabilidad no es sólo de las mujeres, sino de toda la sociedad. El camino hacia la igualdad continúa, es un deseo y empeño de todas y de todos, y es una búsqueda colectiva e internacional.

3. Construcción de la identidad en la sociedad patriarcal

Cuando los dominados aplican a los que les dominan unos esquemas que son el producto de la dominación, o, en otras palabras, cuando sus pensamientos y sus percepciones están estructurados de acuerdo con las propias estructuras de la relación de dominación que se les ha impuesto, sus actos de conocimiento son, inevitablemente, unos actos de reconocimiento, de sumisión.

PIERRE BOURDIEU

Los seres humanos desarrollamos nuestra personalidad en sociedad; es en ella donde nos construimos como personas, donde nos humanizamos. A veces se ha pretendido que nuestra individualidad, lo que nos hace únicos e irrepetibles, son nuestros genes, es decir, nuestras características biológicas innatas, lo que traemos al nacer. Sin embargo, esta herencia biológica se desarrolla en interacción con el medio social desde el año cero de vida, de tal forma que lo que nos constituye en seres diferenciados y singulares es la particular modificación de nuestra naturaleza a través de nuestra historia personal en un determinado medio sociocultural. Las predisposiciones que tenemos desde el nacimiento se moldean por todo lo que adquirimos en el grupo y en la experiencia personal. Esta interacción es lo que constituye nuestro *carácter,* único y personal. El desarrollo desde un sustrato biológico depende tanto del aprendizaje adaptativo a nuestra cultura como de las experiencias, decisiones personales y circunstancias en las que nos encontramos durante nuestra trayectoria vital. Por supuesto, cada persona es un complejo entretejido de naturaleza y cultura, pero este entretejido se desarrolla en sociedad, junto a otros humanos. Esto es lo que ha llevado a afirmar que la personalidad es una construcción social, lo cual no significa que no sea una construcción desde un sustrato natural.

La socialización, iniciada al nacer, es fundamental en este proceso de construcción del yo o personalidad. Mediante ella el sujeto se integra en un grupo humano del que adquiere una herencia cultural que se suma a su herencia biológica. Todo lo que aprende la criatura desde que nace lo internaliza de tal modo que se transforma en su propia forma de ser. Interioriza comportamientos y roles sin sentirlos como impuestos desde el exterior y va actuando conforme a ellos espontáneamente, considerándolos como lo natural. No es preciso que las normas de comportamiento y los roles estén explícitamente establecidos mediante declaración expresa de una autoridad, sino que basta con que lo estén implícitamente para que la criatura imite conductas de acuerdo a lo esperado. Es decir, basta con que se espere que actúe conforme a roles consolidados para que, por imitación, acabe actuando realmente así. De este modo, interioriza una forma de ver el mundo y a sí misma, una forma de valorar los comportamientos propios o ajenos, de acuerdo a su cultura, a su grupo social y a su posición en él. Mediante este aprendizaje socio-cultural interiorizamos también el rol sexual y aprendemos a representar el papel que corresponde según se asigna socialmente a cada sexo.

La diferencia sexual

Resulta una obviedad afirmar que los hombres y las mujeres tienen diferentes naturalezas. Cuando nace un bebé y se quiere saber si es niño o niña no hay más que mirarlo para saberlo. ¿Qué miramos en el bebé? Los genitales. Efectivamente, los genitales son rasgos diferenciales desde el nacimiento. Pero existen otros rasgos físicobiológicos o naturales de hombres y mujeres que también les pertenecen desde el nacimiento. Son rasgos genéticos que definen su diferencia natural. Algunas de estas diferencias se desarrollarán en la adolescencia. Muchas de estas diferencias son externas o morfológicas, otras son internas, relacionadas con el aparato reproductor y el sistema hormonal.

Sin embargo, además de las diferencias físicas o naturales de nacimiento, hombres y mujeres nos diferenciamos por comportamientos, actitudes, formas de sentir y pensar que hemos adquirido en el medio social. Estos rasgos adquiridos no son naturales o innatos, sino socioculturales. En este sentido es necesario hacer referencia a la conocida diferencia entre sexo y género. El sexo se refiere a características específicamente biológicas, es genético, pues se refiere a lo cromosómico, hormonal. Las diferencias sexuales dividen a los animales en machos y hembras. Éstas pueden ser primarias (diferentes aparatos reproductores, diferente sistema hormonal, etc.) y secundarias (rasgos morfológicos diferentes, desarrollados en el proceso de maduración). En el ser humano, que es un animal cultural que se construye socialmente, a estas diferencias biológicas y genéticas se les atribuyen una serie de conductas y actividades que configuran lo que se denomina género. El género no es genético, sino adquirido a través del contacto social y se refiere a todas aquellas construcciones psicosociales que se consideran femeninas y masculinas en un grupo o sociedad.

Estas ideas de lo masculino y lo femenino, con las que nos vamos identificando según nuestro sexo, presionan y van modelando nuestro carácter. Los seres humanos somos algo más que machos y hembras, somos hombres y mujeres que han construido su identidad sexual en un medio sociocultural. Nuestro desarrollo como mujeres y hombres es una construcción de acuerdo a lo que se entiende por *femenino* y por *masculino* en nuestro grupo, ideas que están relacionadas con arquetipos históricamente desarrollados en la cultura. Así, las diferencias entre varones y mujeres no son simplemente diferencias biológicas de seres que pertenecen a distintos sexos sino diferencias de género, es decir, diferencias psicosociales.

En los seres humanos, además de las características sexuales primarias y secundarias, la sociedad ha inventado otras que podríamos llamar *características sexuales terciarias* que respaldan a las primeras y funcionan en el grupo como indicadores diferenciales de sexo. Entre éstas podemos incluir convencionalismos no sólo en la manera de vestir y peinarse sino gestos, formas de andar, sentarse, moverse, mirar, etc. La ciencia de la cinesis afirma que no existen movimientos ni gestos femeninos o masculinos innatos, sino que éstos se aprenden en la cultura fundamentalmente por imitación, y que varían de una cultura a otra o de una época histórica a otra. Estos indicadores de sexo son adquiridos en el grupo y son respuestas culturales a la necesidad humana de distinguir a los hombres de las mujeres, que se añaden a la diferenciación natural.

Pero a estos comportamientos de hombres y mujeres, hay que añadir otros patrones psicológicos (ideas, sentimientos, actitudes, etc.) que configuran sus personalidades o temperamentos y que, aunque con frecuencia se ha pensado que pertenecen a sus naturalezas, también son un producto cultural. Cuando a un niño se le dice: "los niños no lloran" o "tienes que ser valiente" se le está enseñando a sentir de la manera que en su sociedad se considera masculina. Las sociedades han impuesto como norma cultural que ciertos rasgos estén inalienablemente unidos al sexo, generando así un ideal de personalidad femenina y otra masculina. Esta especialización de la personalidad según el sexo se debe a las diferentes funciones que se han otorgado en las sociedades a mujeres y hombres (diferentes ocupaciones, diferentes roles, diferente poder).

Nos construimos como mujeres y hombres a partir de nuestra biología, por supuesto, pero en interrelación con un medio sociocultural que la va moldeando y modificando, y del que adquirimos pautas de comportamiento que interiorizamos desde muy temprano. Lo que a veces sucede es que una conducta muy interiorizada en los primeros años de vida puede parecer natural, biológica o innata, cuando no lo es. Además, a veces son conductas que se adscriben a modelos arquetípicos tan antiguos que resulta difícil distinguir en ellos lo natural de lo cultural. De esta forma, muchos de los rasgos de carácter, morales, psicológicos e incluso físicos, adquiridos por varones y mujeres en la sociedad a la que pertenecen, se han presupuesto a veces como atributos de sus naturalezas sexuales y, en este sentido, invariables, es decir, que no pueden ser de otro modo. Este *determinismo biológico* ha sido, como sabemos, una de las justificaciones misóginas tradicionales de la subordinación de las mujeres. De este modo, existe una construcción social arbitraria del cuerpo, masculino y femenino, de sus posturas, movimientos, costumbres y funciones, que, a modo de corsé físico y mental, proporciona un fundamento aparentemente natural a la visión sociocultural de lo que es ser hombre y ser mujer.

A lo largo de la historia mujeres y hombres han desempeñado distintas funciones o roles sociales de acuerdo a la jerarquía patriarcal, lo que ha llevado a que desarrollaran actitudes y destrezas diferentes de acuerdo a estas posiciones y ocupaciones. Esta sociedad, basada en la dominación de un sexo sobre otro, no ha podido por menos que generar seres humanos diferenciados psíquicamente según sexo: a uno, para la dominación y la independencia, al otro, para la sumisión y la dependencia. Si durante siglos de civilización, mujeres y hombres han cumplido funciones polarizadas en la sociedad y han ocupado actividades y espacios distintos, las cualidades psíquicas que han desarrollado han sido tan opuestas como lo son los espacios que han ocupado, el doméstico y el público. Las mujeres han desarrollado una tendencia a ciertas cualidades que se han denominado femeninas (afectividad, comprensión, sensibilidad, intuición, paciencia, disponibilidad, obediencia, etc.) muy operativas para la vida doméstica, el cuidado de los hijos y la dependencia del varón. El varón ha desarrollado otras a las que hemos denominado masculinas (valentía, agresividad, competitividad, racionalidad, fortaleza, etc.) que son muy funcionales para el poder y el éxito en la vida pública. Unas y otros, si no han desarrollado estas cualidades propias de su espacio, se han sentido personas inadaptadas, pues estos rasgos se les han impuesto siempre como lo que es ser mujer y ser hombre.

Este psiquismo diferenciado según sexo no es fruto de la naturaleza, sino de siglos de imposición cultural. A partir de diferencias naturales, como la reproducción en las mujeres o la mayor musculatura o fuerza física en los hombres, el patriarcado, situándolos en espacios distintos, ha conseguido esta diferenciación psíquica a costa de un desarrollo parcial en ambos. El hombre ha desarrollado especialmente las capacidades intelectuales para su adaptación en el mundo público, y las mujeres, las emocionales, necesarias para el cuidado de la familia, como si razonar y sentir no fueran facultades compartidas en cada ser humano, y hubiera dos clases de seres diferentes: los que piensan (los hombres) y las que sienten (las mujeres). Ni hombres ni mujeres en la sociedad patriarcal han podido desarrollarse personalmente de forma completa, dando libertad al crecimiento de todas sus potencialidades.

Así, a lo largo de la historia, se han ido construyendo ideas de feminidad y masculinidad contrapuestas, que han configurado la diferenciación de género. Como afirma Claudio Naranjo en *La agonía del patriarcado*, "la organización patriarcal de la sociedad desde los orígenes de nuestra cultura ha ido cristalizando en una organización patriarcal de nuestro psiquismo".

Identidad de género, masculinidad y feminidad

El género es una construcción psicosocial que expresa los comportamientos, actitudes y destrezas que la sociedad considera como lo femenino y lo masculino, con lo que condiciona el desarrollo de mujeres y hombres desde el nacimiento y su autopercepción como tales. La identidad de género o sexual hace referencia a esta autopercepción que cada persona tiene de sí misma como mujer o como hombre y, aunque no tiene por qué ser o coincidir con la identidad que el grupo le atribuye, está muy condicionada por ella, pues a través de la socialización interioriza los modelos de feminidad y masculinidad de su cultura y éstos se le imponen como lo que es ser mujer o ser hombre.

La persona nace con un sexo, pero no puede captarse a sí misma como sexualmente diferenciada hasta que no se le van atribuyendo roles de género. A la etiqueta de género que le ponen al nacer –"es una niña", "es un niño"– le acompañan una serie de actitudes, comportamientos, formas de hablar, exigencias diferenciales. Estando todavía en la cuna, se viste y se habla a la criatura de forma diferente, se le muestran diferentes gestos, se la rodea de cosas y accesorios diferenciados según el sexo. Desde el momento en que nace, le hacemos saber de mil maneras sutiles y no verbales que es un niño o una niña. Cada vez que un niño actúa de la forma que concuerda con las convicciones sociales sobre cómo debe proceder un varón, se refuerza su comportamiento, e igualmente, se recompensa a las niñas cuando muestran rasgos femeninos. Estos refuerzos pueden ser tan imperceptibles como la inflexión del tono de la voz o una fugaz expresión de aprobación en el rostro. De este modo, según van cumpliendo las expectativas de los adultos, se van autodiferenciando del otro sexo y a la vez identificando con un género, el que corresponde a su sexo[1].

Pero, ¿qué es lo que se espera de una criatura según sea niño o niña para que llegue a ser hombre o mujer? Lo que se espera según el sexo es que actúe de acuerdo a los roles de género propios de su cultura, a los estereotipos sexuales y a los ideales de feminidad y masculinidad que, explícita o implícitamente, se le transmiten. Estos arquetipos de lo femenino o lo masculino se expresan tanto en los modelos propuestos para imitar, como en los comportamientos y actitudes que se le transmiten a través de estereotipos de acuerdo a

---

[1] En el caso de la transexualidad, el sujeto tiene un sexo biológico que no se corresponde con el género con el que se identifica.

su sexo. Madres, tías, abuelas, hermanas, amigas, mujeres en general, las que aparecen en los libros, en la televisión, etc. constituyen un modelo para las niñas. Padres, tíos, abuelos, hermanos, amigos, varones en general, son un modelo para los niños.

La aceptación de los roles sexuales es una parte importante en el desarrollo de la identidad personal. La persona asume e interioriza los roles, actitudes, conducta verbal y gestual propias de su género para asegurar su propia aceptación y adaptación sexual. Por tanto, una diferenciación de género es necesaria para la toma de conciencia de sí como mujer o como hombre. Esta diferenciación no tiene por qué responder a modelos rígidos que impidan un desarrollo personal pleno y equilibrado, ni apoyarse y a la vez sostener la desigualdad entre los sexos. La contradicción de nuestra sociedad, basada en el principio de igualdad de derechos, es que nos sigue transmitiendo una cultura androcéntrica en la que la idea de lo masculino y lo femenino está al servicio del sistema de dominación.

La diferenciación en el desarrollo de nuestra personalidad según sexo, tradicionalmente, ha estandarizado a los hombres y mujeres como claramente constrastantes y antitéticos, como personalidades constreñidas en modelos bipolares muy rígidos que expresan la dominación de unos sobre otras. Esta diferenciación, que se sigue presentando como legítima, a pesar de que la posición de las mujeres y hombres en la jerarquía patriarcal está cambiando, presiona reprimiendo o fomentando ciertos comportamientos y capacidades según sexo, lo que impide a los individuos desarrollarse de acuerdo a sus potencialidades.

Los roles de género, como otros roles sociales, varían de una cultura a otra y de una época histórica a otra. El rol de género no es el mismo en Occidente que en Oriente, en zonas rurales que en zonas urbanas, en estratos sociales de nivel socioeconómico bajo que en los altos, etc. Tampoco el género ha sido el mismo, por ejemplo, en la antigua Grecia que en la Edad Media, en la Modernidad que en la actualidad. Es decir, las ideas de masculinidad y feminidad han variado a lo largo de la historia según se han ido modificando los roles de género. La constatación de este hecho ha llevado a las llamadas Ciencias Sociales a introducir la *perspectiva de género* en sus investigaciones y análisis. No obstante, a pesar de la variabilidad de los roles de género en la historia y las culturas, lo que sí ha sido una constante es la subordinación del rol femenino al masculino. Si la idea de feminidad clásica se entiende como *debilidad, pasividad, dependencia, sumisión, pequeñez,* la masculinidad se considera, por oposición a aquella y a la vez en perfecta armonía, como *fuerza, acción, independencia, poder, grandeza.* Al interiorizar mediante la socialización que ser mujer es ser femenina en este sentido y ser hombre es ser masculino en este sentido, ambos estamos interiorizando el principio de dominación de forma naturalizada y de él somos ambos prisioneros.

La desaparición de todas las trabas legales y educacionales que impedían la participación de las mujeres en pie de igualdad con los hombres está suponiendo una importante transformación social. Sin embargo, esta transformación se está dando muy lentamente y contra algunas instancias sociales que tienden a reproducir la desigualdad y oponen resistencia a los cambios. La desigualdad se sigue transmitiendo por la socialización y la educación que funcionan como mecanismos de reproducción del patriarcado. El poder que los medios de comunicación han adquirido como agentes de socialización está consiguiendo que la dominación simbólica del patriarcado tenga hoy más fuerza que nunca, a pesar de los avances de las mujeres en la estructura socioeconómica. De este modo, la cultura patriarcal y androcéntrica se reproduce, fundamentalmente, por una socialización desigual que persiste e incide con fuerza en las estructuras del inconsciente.

Puesto que la desigualdad en nuestra sociedad prevalece y los ideales de feminidad y masculinidad transmitidos por los agentes de socialización siguen siendo muy estereotipados según el modelo patriarcal, el género con el que se identifica la criatura desde muy temprano no tiene el mismo estatus social si es el de hombre o masculino que si es el de mujer o femenino, pues son manifestaciones de distintas posiciones de poder en la sociedad. Esto, expresado en los diferentes contextos de socialización, se interioriza como natural. De este modo, el aprendizaje diferenciado en el proceso de socialización, según el protagonista sea niño o niña, no sólo sigue siendo *diferente* en un sentido muy rígido y polarizado, sino que sigue siendo *desigual*, en cuanto a las oportunidades de desarrollo personal que proporciona.

Aunque estamos en un momento de cambio y los modelos de mujer y de hombre están en proceso de transformación, heredamos la rigidez de la identidad masculina y femenina propia del patriarcado que sentimos como opresora. Estos modelos de género se nos imponen como un poder simbólico a través de los agentes de socialización, un poder del que es difícil liberarse.

La familia y la reproducción de la desigualdad

El Estado ha convertido tradicionalmente a la familia nuclear, formada por la pareja heterosexual e hijos y en la que tiene preponderancia el varón, cabeza de familia, en el principio y modelo del orden social. En Occidente el derecho de familia y las leyes que regulan el estado civil de las personas, apoyados en la ideología de la Iglesia, han sustentado este tipo de familia como la única posible o la única legítima, la natural, transmitiendo de este modo los valores patriarcales. Como esta familia sigue siendo la más numerosa y constituye el ideal para el patriarcado, se nos sigue educando en los roles tradicionales en los que se fundamenta este tipo de familia. Presentándose como una unidad armoniosa y moral frente a otras formas de familia, se encubren en ella prácticas milenarias de control y sometimiento de la mujer y se oculta la existencia de otro tipo de familias (monoparentales, homoparentales, unipersonales, etc.). El mito de la familia nuclear como un modelo natural y un ideal de felicidad impone la división sexual del trabajo como una división legítima y las ideas de masculinidad y feminidad equivalentes a superioridad e inferioridad como lo natural. Del mismo modo, la consideración de este modelo de familia como el normativo o natural presupone la heterosexualidad, tanto en el ideal de feminidad como en el de masculinidad.

En una sociedad en la que se da todavía la clara división sexual del trabajo propia del patriarcado, la niña pronto identifica en la familia (en la propia o en la presentada como ideal por los mass media) las tareas relativas al trabajo doméstico con la mujer, no sólo el cuidado de los niños, sino limpiar, cocinar, etc.; así se lo enseñan además en los cuentos e historias que le leen y cuentan, en las películas, en los juguetes, etc. Al mismo tiempo, aunque esto está cambiando, el niño aprende el rol de padre como el sostén económico de la familia, como el que sale fuera de casa y se relaciona con otras tareas que no tienen nada que ver con las domésticas, ni con el hogar ni con el cuidado de los hijos. Niños y niñas están interiorizando la distinta posición de la madre y el padre en el núcleo familiar, identificando el espacio doméstico con la madre y el público con el padre. A la vez perciben también desde muy temprano la diferente valoración social que tienen uno y otra en la escuela, en la televisión, etc. Desde muy pronto interiorizan como lo normal y lo natural la desigual posición de hombres y mujeres.

En la familia se da la primera socialización del género. Estudios llevados a cabo sobre el aprendizaje en los tres primeros años de vida concluyen que se estimula más físicamente a los niños que a las niñas y, sin embargo, a las niñas se las acaricia y se les habla más. Desde muy tierna edad los niños suelen estar sujetos a un trato más brusco, con menos contacto físico, y las niñas a un trato más delicado y afectivo. También se potencia en los niños más autonomía, más movilidad física y desarrollo cognitivo, mientras en las niñas se inhiben ciertos movimientos, se favorece la dependencia y el ser en función de otros —gustar a otros, cuidar de otros—. Se la peina y arregla con esmero, se la acaricia y mima, se le ríen los gestos de coquetería: "!Qué guapa, qué mona, qué rica!", se dirá a menudo de sus actitudes y comportamientos. A una niña, además, se le deja estar pegada a las faldas de su madre, que llore, que tenga miedo, mientras que a un niño no se le permite, no se le tolera, o no se le refuerza, ni la coquetería ni la ternura, ni la expresión de sus sentimientos, pero se le permite y refuerza la agresividad: "Los niños no se miran tanto al espejo, los niños no lloran, son valientes, se defienden", oirán a menudo. Estas actitudes de los adultos consiguen que a edades muy tempranas el niño ya muestre menos sus emociones que la niña, se mire menos a un espejo, busque menos guarecerse en los mayores y se arriesgue más.

Desde muy pronto la niña aprende que hay que seducir, que hay que gustar al varón. Esto es lo que se le transmite que es ser femenina. En, cambio, el niño ha de conquistar (a ella y al mundo) con su acción. Ser masculino se presenta como ser capaz para la acción, el ejercicio de la violencia. A medida que unas y otros van creciendo, los juegos y juguetes que se les ofrecen refuerzan estos estereotipos sexuales: muñecos, cocinitas, cunas y carritos de bebés para las niñas; balones, pistolas, coches, y garajes para los niños. Sólo tenemos que reparar en la famosa "barbie", ideal de feminidad (guapa, delgada, seductora, débil, un *objeto para gustar*), o en los "action-man", ideal de masculinidad (agresivo, valiente, arriesgado, bruto, fuerte, un *sujeto que actúa*). Además, ahora, estos modelos de masculinidad y feminidad aparecen de forma muy explícita en los vídeojuegos de consolas y ordenadores.

A veces consideramos que los niños o las niñas eligen sus juguetes por tendencias naturales, cuando es el medio social el que interviene poderosamente en sus tempranas inclinaciones y preferencias y, a partir de ellas, aprenden cualidades que les definirán y diferenciarán. La muñeca, por ejemplo, es para la niña su modelo y su doble, pero es también su bebé: con ella aprende a cuidar, a ser madre. Jugar con el muñeco fomenta la relación afectiva y el uso del lenguaje para comunicar emociones, pero ni es cierto que todas las niñas elijan espontáneamente (naturalmente) los muñecos entre otros juguetes, ni que no lo haga ningún niño. Podremos no reñir a los niños por querer jugar con muñecos, pero rara vez los alentamos a que lo hagan. Tal vez la total ausencia de respuesta (positiva) le haga saber al niño que está haciendo algo que los varones "no deben" hacer.

Los juegos y deportes empiezan a separar a niños y niñas, lo que no expresa más que la separación sexual que existe en los modelos de la vida adulta: los primeros juegan juntos en los juegos que se consideran propios de niños y excluyen de ellos a las niñas. El caso del fútbol es interesante como juego que excluye a las niñas porque se considera propio de niños. A veces se insiste en la natural predilección de los niños por correr detrás de la pelota, como se hace con la de las niñas por los muñecos. En los partidos de fútbol los jugadores son hombres y los espectadores en su mayoría también; jugar al fútbol es algo que hacen los padres y refuerzan en sus hijos y no en las hijas; la identificación con algún equipo es algo tan importante para algunos padres que les lleva a regalar a edades tempranas a sus hijos la camiseta u otros símbolos de ese equipo, lo cual hace esperar que esta inclinación por el fútbol sea frecuente en los niños y no en las niñas. El niño se identifica con ciertos juegos y deportes porque se le presentan como masculinos y excluyen de ellos a las niñas precisamente por eso.

Los niños, a través de juegos y deportes, van a empezar su relación con otros niños y su identificación con lo masculino. Se preparan para la *vida pública* de un varón adulto. Juegan a ser hombre, ser masculino y viril en la sociedad sexista en la que se encuentran; a ocupar un espacio y a ser capaces de afirmarse en él. La competitividad, agresividad, rivalidad, el movimiento expansivo y la conquista que desarrollan los niños mediante juegos y deportes y alentados por los adultos, son cualidades necesarias para la afirmación de sí mismos y para la acción, por lo que serían también deseables en el desarrollo de las niñas y de su autonomía.

A la niña, sin embargo, se le siguen coartando los movimientos bruscos, expansivos, competitivos. Pero la principal limitación, anterior a cualquier aprendizaje explícito y que proviene de épocas que ni siquiera conocemos, se refiere a la postura, al simple hecho de estar en el espacio. La postura cómoda de estar sostenida y plantada en la tierra con las piernas abiertas (de pie o sentada) que da seguridad y confianza al cuerpo, en la capacidad de agarrarnos al mundo, no se le ha permitido a la mujer desde antaño y se sigue socializando a la niña inhibiendo ese poder de ocupar un espacio con seguridad. Las niñas, desde que empiezan a andar, van interiorizando una forma de hacerlo, incorporando posturas bien vistas socialmente e inhibiendo posturas mal vistas. Esta limitación del movimiento se agrava además por la forma de vestirlas, con ropas suaves, bonitas y valiosas pero incómodas, que limitan su libertad y su autonomía. El vestido amplio podría servir a la libertad de movimientos, pero tendrá que cuidar de no ensuciarlo ni arrugarlo, de que no se le suba o ahueque demasiado para que no se le vean las bragas. Con esta limitación de posturas y movimientos la niña pierde confianza en su cuerpo lo cual es perder la confianza en sí misma, lo que más tarde se manifestará en timidez, inseguridad, baja autoestima y dependencia. Esta limitación se mantendrá en la madurez con prácticas como el uso de tacones, faldas estrechas, bolsos que ocupan sus manos, etc.

Los juegos colectivos o en solitario de las niñas, los que socialmente se consideran propios de niñas, las conducen a la interiorización y el mundo privado. La niña aprende a cuidar, a responsabilizarse de otros, a proteger al débil, gestándose en ella sentimientos de compasión, comprensión, ternura, sacrificio, aprende a anteponer el cuidado de otros a sus logros personales, renunciando progresivamente a su yo individual. En la medida en que socialmente se atribuye este cuidado de otros únicamente y casi de forma exclusiva y necesaria, la niña va interiorizando que su vida sólo tiene sentido en función de otros, desarrolla una responsabilidad hacia los demás que la conducen en muchos casos al olvido de sí y a la dependencia. Así, este cuidado del otro, que en principio es deseable como actitud, tanto para niños como para niñas, si va acompañado de un olvido de sí, supone para la niña un alejamiento de la autonomía y de la libertad personal necesarias para llevar a cabo proyectos de vida propios, no ajenos.

El concepto de feminidad que niñas y niños siguen asumiendo desde la primera infancia en la familia y en sus primeros contactos con otros iguales es el acuñado por la cultura patriarcal y que se transmite en forma de estereotipos como debilidad, pasividad, dependencia, sensibilidad, complacencia a las expectativas masculinas. Del mismo modo, el concepto de masculinidad que asumen como el natural es el polarizado al de feminidad que se entiende como fuerza, acción, independencia, agresividad, superioridad, poder. Ambos conceptos se complementan fomentando la jerarquía de poder del patriarcado. Tanto los niños como las niñas interiorizan desde muy temprano que lo masculino es mejor y superior a lo femenino. Para ellas esto supone una baja valoración de sí mismas y un desarrollo no para la libertad sino para la dependencia, que repercutirá en su autoconcepto y autoaceptación; pero para ellos, no sólo provoca una contención de sus emociones, sino que genera un temor irracional a lo femenino. Si los niños muestran miedo, ternura, si expresan sus sentimientos, el medio social les hace creer que son femeninos y afeminados. También se les inhibe la expresividad de sí mismos a través de una identificación temprana de la coquetería con afeminamiento y de la limitación de algunos de sus movimientos. Ciertos movimientos considerados femeninos (la danza, el baile, etc.) se aprueban y estimulan en las niñas, mientras que se reprueban e inhiben en los niños. Ser femenino o afeminado se presenta como ser "no hombre" pero, como además la sociedad enseña a infravalorar lo femenino, significa ser menos. Esto conduce a un alejamiento de todo lo considerado femenino por miedo.

Por consiguiente, las expectativas y exigencias del mundo adulto no son iguales para los niños que para las niñas, generando, fomentando y reforzando continuamente comportamientos diferenciales, que van configurando los roles de género opuestos y contrastantes propios del patriarcado. Inconscientemente, madres y padres transmiten con sus actitudes los estereotipos extendidos

© narcea s. a. de ediciones

en su sociedad, fomentando comportamientos que se ajustan a un determinado rol de género. Estas expectativas diferenciales de la familia hacia niños y niñas se imponen como mandatos de género y se van interiorizando desde tan temprano que generan formas de ser y de actuar aparentemente naturales. Después, otros agentes de socialización harán el resto mediante un refuerzo poderoso de comportamientos y actitudes.

La escuela y la reproducción social de la desigualdad

La escuela, otro agente socializador, interviene también en la construcción de la personalidad, con el objetivo explícito de formar a los miembros de la sociedad. En una sociedad democrática es fundamental una *educación para la igualdad* (precisamente para compensar y corregir las existentes desigualdades sociales de género), una educación que sea la plataforma para el desarrollo de la legítima diferencia y singularidad de todas y todos. Sin embargo, aunque la escuela pretenda crear relaciones de género igualitarias, no parece conseguir una educación *no sexista*. En muchos casos lo que domina en la práctica escolar es una educación mixta en la que se obvia el problema de la desigualdad pues se considera que ya somos iguales, en cuanto que niños y niñas acceden por igual a la educación. Sin embargo, esta educación igual para todos, conseguida bien entrado el siglo XX, no es suficiente, pues no es neutral, aunque pretenda serlo, sino que ejerce una socialización diferencial por sexos de acuerdo al orden patriarcal e impone el modo masculino de enfrentarse al mundo. Por eso, no basta la educación *en* igualdad sino que es necesaria una educación *para* la igualdad. Aparece así el concepto de *coeducación*[2].

---

[2] Los estudios sobre la reproducción del sexismo y androcentrismo en el ámbito educativo y sobre la necesaria coeducación son muchos y variados pero destaco los trabajos de Marina Subirats, Pilar Ballarín, Charo Altable, Mercedes Oliveira y Nieves Blanco (ver bibliografía).

La coeducación pretende educar en valores que no se adscriban a uno u otro sexo, diseñando y desarrollando un conjunto de actuaciones que compense el desequilibrio social entre los papeles de género. Pretende contribuir al desarrollo en los varones de cualidades y actividades que culturalmente han sido atribuidas a la mujer, y fomentar en las niñas la autoestima y las habilidades sociales que les permitan lograr un mejor desenvolvimiento social. Coeducación es, por tanto, un modelo de intervención y un estilo metodológico consciente e intencionado para educar para la igualdad. Parte del respeto y reconocimiento de dos sexos diferentes, potenciando una educación integral para ambos. Se basa en un modelo educativo centrado en la no discriminación por sexo y en ella todas las personas tienen las mismas oportunidades de desarrollar actitudes humanas de forma completa.

De acuerdo con Nieves Blanco y otras autoras en la compilación *Educar en femenino y en masculino*, al amparo de la idea de igualdad y bajo la ilusoria creencia de que la escuela mixta es neutra, se está produciendo un abandono del término coeducación y ciertas resistencias a incluir las cuestiones de género y la coeducación en la formación del profesorado. Pero ese neutro que se presupone en la escuela representa una forma hegemónica de masculinidad, pues la igualdad a menudo se entiende como homologación de lo femenino a lo masculino. El principal impedimento para que la educación no sea realmente coeducación se debe a que la educación formal sigue potenciando el desarrollo racional e intelectual en niños y en niñas, sin integrar con éste la educación emocional, el desarrollo de la intuición y la creatividad. La valoración androcéntrica de lo masculino sobre lo femenino lleva a concebir la educación como un desarrollo casi en exclusiva de las capacidades intelectuales. La educación formal sigue siendo fundamentalmente intelectual, sin que la parte emocional e intuitiva, parte femenina según el ideal tradicional de feminidad, sea considerada una parte del ser humano. Así, la escuela mixta sigue imponiendo el modelo masculino clásico, reforzando el reparto tradicional de papeles y funciones según sexo. De este modo, no fomenta la libertad individual ni la autonomía en ninguno de ellos.

Además, la escuela presenta una cultura hecha por varones lo que interviene negativamente en la construcción de la identidad femenina, convirtiendo en invisible, inexistente o de poco valor la participación de las mujeres en la cultura. Muchas contribuciones de mujeres se nombran de forma colateral, sin ser centro de reflexión, produciéndose así su ocultamiento: escritoras, filósofas, pintoras y artistas en general a las que se nombra junto a un determinado movimiento cultural, pero sin analizar su obra. Otras mujeres, habiendo hecho grandes contribuciones a la cultura, se desconocen porque prácticamente no se nombran. Por otra parte, transmitimos una historia y una cultura como acumulación de hechos relevantes ocurridos en el espacio público, sin señalar ni analizar las múltiples formas de vida cotidiana en donde las mujeres han tenido un gran peso. Esto es así porque tradicionalmente lo doméstico se ha depreciado y trivializado y con ello se invisibiliza a las mujeres y su modo de relacionarse con el mundo.

Todo esto llevó a Simone de Beauvoir a destacar que no es la inferioridad de las mujeres la causa de su insignificancia histórica, sino lo contrario: es la insignificación histórica de las mujeres la que las condena a la inferioridad. La conciencia de este olvido interesado de la historia ha llevado al movimiento feminista a plantearse la necesidad de recuperar la memoria, sacando a la luz historias de mujeres[3], sus biografías y sus contribuciones, además de elaborar la historia de la vida cotidiana en la que ellas siempre han participado activamente, para terminar con este desconocimiento y anonimato que no permite su valoración, ni la de sus diferentes modos de enfrentarse al mundo. Sin embargo, estas aportaciones

---

[3] Cada vez hay más recopilaciones de biografías de mujeres basadas en investigaciones históricas o con carácter divulgativo entre las que destaco aquí las presentadas por Rosa Montero, Ángeles Caso, Carmen Posadas y Sophie Courgeon (ver Bibliografía).

que revalorizan el papel de las mujeres no llegan aún a los contenidos que se transmiten en los distintos niveles educativos. Si bien las editoriales cada vez se preocupan más por presentar, tanto por el contenido como por el lenguaje, una sociedad no jerarquizada, diversos análisis sobre los libros de texto de diferentes asignaturas demuestran que en ellos, no sólo no aparecen las aportaciones de las mujeres, sino que prevalece la imagen tradicional de la jerarquía de género, la división sexual del trabajo y un sistema de valores androcéntrico. El olvido histórico de las mujeres que se sigue manifestando en la educación formal tiene consecuencias negativas para la construcción de la personalidad femenina.

La carencia de modelos históricos de mujeres independientes y la poca importancia que se da a las actividades femeninas influye en el hecho de que niñas y adolescentes tengan una baja autoestima a pesar de sus logros y que tiendan a imitar los modelos masculinos. Así, aunque los datos muestran que en educación secundaria sus resultados académicos son mejores que los de los varones y que el fracaso escolar es fundamentalmente masculino, las primeras achacan a la falta de capacidad sus malos resultados, mientras los segundos atribuyen los suyos a la falta de esfuerzo. La interpretación de ellas muestra una falta de confianza en sí mismas y una baja autoestima que contribuirá a inhibir su actividad en la vida social, mientras que la de ellos muestra una alta autoestima y confianza en sí mismos que puede potenciar su aprendizaje posterior, o al menos su intervención en la vida pública. En muchas ocasiones, esta alta autoestima masculina no es más que una falsa sobreestimación, fomentada y potenciada por el orden simbólico del patriarcado; después, cuando choque con la realidad, esa falsa seguridad en sí mismos se transformará en frustración y se manifestará de diversas formas, una de ellas, la violencia.

Por otro lado, la escuela ayuda a mantener, reproducir y legitimar la sociedad patriarcal y la cultura androcéntrica, no sólo por los contenidos sino por la forma inconsciente de transmitir los conocimientos –lenguaje, actitudes, comportamientos–. Los profesionales en las diferentes etapas educativas seguimos transmitiendo de forma inconsciente los roles de género tradicionales y el modelo masculino como la "norma", tanto a través del lenguaje como de nuestras actitudes y comportamientos, sin ni siquiera saberlo o darnos cuenta. Diversos estudios sobre las prácticas docentes concluyen que a partir de un estereotipo sexual clásico inconsciente se presupone una responsabilidad y esfuerzo en las niñas que lleva a una desatención de sus logros. Por otro lado, aunque en general actualmente se empuje tanto a unos como a otras a actividades, juegos y deportes menos sexistas (juegos que fomentan el razonamiento lógico y la imaginación, o deportes más cooperativos y de equipo para ambos), a las niñas se les perdona más que a los niños que no lo hagan bien, señal de la menor expectativa de éxito para ellas que para ellos por parte de los adultos. Todo esto repercute en la imagen que se están construyendo de ellas mismas: responsables, buenas, ordenadas, trabajadoras, obedientes, etc., pero menos capaces.

El lenguaje con el que se transmiten los conocimientos en la escuela sigue siendo sexista, presentando al varón y lo masculino como paradigma de lo humano y desvalorizando lo femenino. En un instituto, oí a un profesor de Educación Física gritarle a un muchacho que corría el último: "¡Más deprisa, pareces una nena!". El lenguaje sexista no ha desaparecido ni en la escuela, ni en la cultura escrita -libros de texto-, ni en la sociedad en general. Además, el lenguaje cotidiano en el aula oculta el amor, no nombra las relaciones afectivosexuales, no expresa emociones, ni vínculos vitales y trascendentes. Un lenguaje que juzga, valora, analiza, explica, pero desprecia las emociones, no puede educar para construir seres autónomos ni para que éstos compartan con otros. Este lenguaje, aparentemente neutro, transmite una educación para la racionalidad y, muy sutilmente, para la instrumentalidad, para la negación del otro, para el modelo masculino como normativo y la violencia asociada a él. El lenguaje en la escuela, el académico y el coloquial, oculta el modo femenino de acercamiento a la realidad desde la emoción y la creación de vínculos afectivos.

© narcea s. a. de ediciones

Una educación emocional y una revalorización de la vida afectiva en la escuela es necesaria desde las primeras etapas, si queremos un desarrollo integral y armónico de todas las personas, que les permita estar en el mundo con autonomía. Este es el verdadero sentido de la coeducación que ha llevado a algunas profesionales a abogar por un cambio pedagógico en las escuelas, centrado en la educación emocional y afectivosexual. La introducción de un nuevo enfoque en la forma de educar está aún muy lejos de implantarse en el sistema educativo. Ni profesoras ni profesores somos capaces de dar un cambio a nuestra tarea pedagógica porque necesitaríamos una reeducación y, por supuesto, el convencimiento de que esto es necesario para deconstruir el patriarcado y no reproducir la desigualdad. No se trata de que haya más mujeres en las escuelas, pues nosotras también adoptamos un lenguaje androcéntrico y una práctica pedagógica hacia lo racional e intelectual. Es más, la escasa presencia de profesores en la escuela, especialmente en Infantil y Primaria, es negativa para el cambio de enfoque. Una presencia de varones, cuidadores y amorosos, en estas etapas contribuiría a que tanto niños como niñas no adscribieran la tarea del cuidado de otros exclusivamente a la mujer, y favorecería la formación de una nueva identidad masculina en los niños.

En el profesorado de Infantil la presencia masculina es de menos de un 10%. Esto sigue transmitiendo a niños y niñas el estereotipo ya interiorizado en la mayoría de las familias de que el cuidado y educación de los más pequeños es cosa de mujeres. La experiencia de comunicación, afecto, contacto físico y protección que tienen los niños y niñas en la escuela sigue estando representada por la figura femenina. Esto, como una especie de círculo vicioso, mantiene y reproduce las tareas de cuidado en las niñas y el alejamiento de ellas en los niños y además refuerza el estereotipo de que el varón es menos sensible y emocional que la mujer, lo que repercute negativamente en el desarrollo personal de los niños. Una educación que pretenda formar a personas autónomas en esta sociedad en transformación debería preocuparse de fomentar la educación emocional y el cuidado de otros por igual en niños y niñas, para lo cual sería muy positiva la presencia de un modelo masculino maternal en los distintos niveles de la educación formal. Esto requeriría formación del profesorado para una educación más emocional y humanista y conseguir un equilibrio por sexo en los profesionales de la enseñanza (quizás mediante discriminación positiva). Niños y adolescentes necesitan construirse junto a otros hombres, pero de manera diferente a la tradicional.

Del mismo modo, el sistema de enseñanza debería abrir espacios en la etapa preadolescente y adolescente para la educación afectivo-sexual y las nuevas relaciones de género. La educación afectivosexual sigue brillando por su ausencia en el sistema de enseñanza y, aunque hay ya algunas iniciativas[4] sobre educación sentimental y erótica con adolescentes, el sistema no ofrece espacios para este tipo de trabajos. Crear espacios de escucha, de transformación y cambio interior, de relación con el propio cuerpo y con las emociones y deseos, es ayudar a las chicas a no tomar el modelo masculino como ideal del yo y es presentar a los chicos otro modo posible de ser ayudándoles a construir una nueva masculinidad.

Los medios de comunicación
y la reproducción social de la desigualdad

En la sociedad de la información, los medios de comunicación manipulan nuestro pensamiento porque fabrican y controlan nuestra opinión de forma explícita. Pero su mayor poder reside en que intervienen en nuestra construcción personal imponiendo criterios

---

[4] Entre otras, las propuestas epistemológicas y didácticas de Mª Luisa López García, *Educación afectivo-sexual* (1995), de Mercedes Oliveira, *La educación sentimental* (1998), y la de Rosario Altable, *Penélope y las trampas del amor* (1998) y *Educación sentimental y erótica para adolescentes* (2000).

emocionales, formas de percibir la realidad y a nosotros mismos, y mostrando implícitamente una realidad deformada según el modelo patriarcal como el ideal al que debemos aspirar. Los medios de comunicación audiovisuales, siendo, como son, un colosal instrumento de mantenimiento del orden simbólico establecido, contribuyen poderosamente a la configuración de nuestro psiquismo aceptando la dominación. La escuela más cercana a planteamientos coeducativos choca con mensajes sexistas de los medios de comunicación, fundamentalmente de la televisión, y de otros medios audiovisuales e informáticos. Tanto la televisión como las nuevas tecnologías de la información se han introducido en nuestros hogares y en el mundo infantil, siendo los agentes de socialización que más contribuyen a extender estereotipos y roles de género patriarcales. Modelos de hombre y mujer desde los ideales de masculinidad y feminidad más estereotipados y androcéntricos aparecen tanto en películas como en series y programas de televisión, en vídeojuegos, Internet y, sobre todo, en la publicidad.

El análisis crítico de los anuncios publicitarios es un ejercicio muy interesante para llevarlo a cabo en la escuela desde edades tempranas, pues la publicidad es tan exageradamente burda y estereotipada en la presentación del rol de género, de lo deseable como masculino y como femenino, que resulta necesario entrenar a los y las adolescentes para detectar la manipulación simbólica. Estamos bastante habituados a esta publicidad, y tenemos ya una mirada crítica para ver en ella los tópicos en la imagen de mujer y de hombre que presenta, pero no sucede lo mismo en los menores y adolescentes, expuestos también constantemente a ella. A veces los anuncios publicitarios resultan ridículos por las mujeres y hombres que presentan, totalmente encasillados en papeles de género tan diferenciados, estereotipados y caducos. Pero es triste considerar que esta diferenciación bipolar y discriminatoria todavía representa el modelo generalizado en la vida real y que se nos presenta como el ideal. Por medio de la publicidad no sólo se nos muestran aquellos papeles de hombre y mujer a los que hemos de ajustarnos, sino que se nos transmite que el ideal de felicidad es llegar a ser esa mujer o ese hombre.

La publicidad sigue presentando a la mujer como un sugerente objeto sexual. En los anuncios publicitarios se utiliza su cuerpo como reclamo para vender más y mejor cualquier tipo de producto. Se presenta una mujer para la casa, reina de la casa, preocupada de los problemas domésticos, otra para la diversión, frívola e independiente, pero siempre una compañera perfecta para el varón, trofeo y símbolo de su posición. Algo que transmite de forma constante y obsesiva y que presiona gravemente en el desarrollo personal de las adolescentes es el ideal de belleza femenina. La mujer que aparece, sea trabajadora o ama de casa, madre o hija, amiga, buena profesional, etc., cumple el canon de belleza de nuestra sociedad: delgada, joven y de rostro casi perfecto. Existe además un bombardeo publicitario de productos de belleza para la mujer que propaga un ideal de belleza física para ella totalmente opresor. Productos para los ojos, para los labios, para la piel, para el pecho, para el pelo, para las manos, para el cuerpo en su totalidad; dietas de todo tipo y operaciones son dirigidas a las mujeres utilizando modelos de mujeres estupendas. Si analizamos la cantidad de productos de belleza que la publicidad dirige al varón, parece evidente que ellos no tienen necesidad de cambiar tantas partes de su cuerpo para gustar. La consecuencia negativa para la formación de la personalidad femenina de esta imposición de la belleza física y de un determinado canon contrario a la salud, es clara y podemos observarlo con frecuencia en las adolescentes: complejos de todo tipo, baja autoestima, inseguridad, frustración e incluso enfermedades como la anorexia. La vinculación de la mujer a un valor estético, de su rostro y de su cuerpo, que se transmite desde muy temprano y que va a ser constantemente reforzado a través de la publicidad, les genera una idea de sí mismas como objeto -un objeto sexual- y retroalimenta su insatisfacción con el propio cuerpo. Esto configura la existencia de las mujeres por y para la mirada de los demás, fundamentalmente para la mirada masculina, lo que las conduce inevitablemente a una dependencia simbólica. De esta forma, la opresión del canon de belleza física sobre las mujeres es una forma de lo que Pierre Bourdieu denomina "violencia simbólica", caracterizada por ser inconsciente, tanto para quienes la practican como para quienes la padecen.

Además de esta cosificación de la mujer como objeto precioso, mediante la publicidad se la cuartea y trocea: la mujer es sus piernas, la mujer es sus pechos, la mujer es sus labios, etc. Esto hoy está propiciando que muchas adolescentes quieran someterse a operaciones de cirugía estética para cambiar y reconstruir partes de su cuerpo como algo fundamental para la aceptación de sí mismas. La devaluación constante de la imagen de la mujer las incita a que se valoren a sí mismas en función de sus atributos físicos, más que en sus capacidades como sujetos de acción, favoreciendo la poca confianza en sí mismas. Del mismo modo, esta imagen de mujer como objeto sexual cuarteado es interiorizada por parte del colectivo de los adolescentes varones, lo que contribuye a que en sus relaciones con ellas surja inconscientemente un trato irrespetuoso y una frecuente cosificación. Algunos aprenden a ver en ellas sólo un cuerpo bonito (o sólo partes de él), un objeto de su deseo, sin poder mirarlas de otra manera, lo que hace imposible un encuentro de sujeto a sujeto e incapacita para amar.

Igualmente, la telebasura contribuye a la transmisión y fomento de los estereotipos de género presentando, en los diferentes espacios de emisión, a hombres y mujeres que representan ideales tópicos de masculinidad y feminidad, mediante una avalancha de programas de prensa rosa dirigidos a las mujeres o de prensa deportiva y pornografía dirigida a los varones. La figura femenina escasea en los programas de debate serios en los que siempre están en franca minoría. Cuando la televisión muestra a jóvenes como nuevos modelos de masculinidad y feminidad sólo presenta de forma frívola nuevas manifestaciones estéticas, tras las que subyacen los mismos patrones de conducta de la dominación. Los nuevos modelos masculinos y femeninos que presenta son los que venden. Según Bourdieu en su ensayo *Sobre la televisión*, ésta está hoy sometida, más que cualquier otro universo de producción cultural, a la presión comercial, a través de los índices de audiencia, ajustándose a un conformismo al servicio de los valores establecidos, valores del mercado. Los modelos que aparecen en ella son los que interesan comercialmente, pero como la imagen tiene la particularidad de producir el efecto de realidad al hacer creer en lo que muestra, éstos se presentan como realmente nuevos modelos.

Internet como los vídeojuegos son hoy otro medio poderoso de transmisión de todos los estereotipos sexuales y sexistas imaginables, transmisión muy agresiva y descontrolada en estos soportes. Los videojuegos más comercializados vinculan de forma preocupante el modelo masculino al uso de la fuerza y la violencia, además de mostrar continuamente a la mujer como objeto de apropiación. Se refuerzan así los roles de género estereotipados, bipolares y desiguales de forma escandalosa y perversa a través de toda la cultura de masas. Una sociedad que se quiera hacer cargo de una verdadera educación para la igualdad y para la autonomía debería empezar por controlar estos poderosos medios de propagación de estereotipos y de reproducción de la desigualdad.

El lenguaje, ¡qué tontería!

Todos los agentes de socialización actúan conjuntamente sobre las estructuras inconscientes mediante esquemas conceptuales inscritos en el lenguaje. El lenguaje es el vehículo fundamental de la cultura y su aprendizaje desde el nacimiento nos transmite el contenido de la cultura dominante. Pero el lenguaje no sólo es un instrumento de comunicación, sino que es la forma que tenemos de estructurar la realidad y con la que configuramos nuestro pensamiento. ¿Qué significa esto? Significa que el lenguaje conforma nuestra percepción del mundo. A menudo para explicar esto se recurre al ejemplo de los colores. Es sabido que los esquimales tienen diez palabras para designar la nieve, haciendo referencia a la presentación de sus diferentes tonos, brillos, dureza, consistencia y otras cualidades. Estos diez términos expresan lo que nosotros conocemos como color blanco. Ellos, que habitan en un mundo blanco, son capaces de distinguir entre distintos tonos, que perciben como colores diferentes y designan con palabras distintas. De igual modo, culturas indígenas que habitan en la selva son capaces de diferenciar en su lengua distintos colores que nosotros designaríamos como "verde". Perciben mayor variedad de colores que nosotros porque tienen referentes lingüísticos para nombrarlos y tienen estas palabras porque son capaces de percibir estas diferencias, es decir, existe una relación biunívoca entre lo que percibimos y nombramos.

Este modo de influir que tiene el lenguaje en nuestra forma de percibir el mundo está muy estudiado por la Lingüística, la Antropología y la Filosofía. El lenguaje forma y expresa nuestra imagen del universo. El lenguaje no es sólo la expresión de una realidad ya dada, sino que configura nuestra forma de percibirla y de construirla. Vemos el mundo a través de una serie de categorías conceptuales que se expresan en palabras y que nos sirven como esquemas de percepción para estructurar la realidad. Nuestro pensamiento estructura la realidad con palabras y la representa mediante conceptos, de tal forma que entre la realidad y nuestros contenidos mentales o conceptos media el lenguaje. Existe para nosotros aquello que nombramos y no existe aquello que no designamos con palabras.

Por otro lado, las palabras tienen un significado cargado de valoraciones y los valores también son expresión de nuestra forma de entender la realidad. La lengua es el medio por el que expresamos un contenido cultural, un sistema de valores, creencias, estructuras sociales, etc. No sólo existe el trinomio realidad-lenguaje-pensamiento, sino el trinomio cultura-lengua-pensamiento, muy estudiado por Edward Sapir y Benjamin Whorf, con los que se iniciaba la Etnolingüística. Con estos estudios se muestra que existe una influencia mutua entre el sistema lingüístico que utiliza una comunidad hablante, por un lado, y la manera como sus miembros entienden la realidad o los diferentes significados que ven en ella. Las lenguas expresan realidades culturales diversas, por lo que resulta imposible una traducción literal de un idioma a otro. Cada lengua es una interpretación del mundo. El lenguaje desarrollado en siglos de patriarcado ha generado un orden simbólico que identifica el mundo del hombre con el mundo en sí, produciéndose la masculinización del pensamiento y la ocultación de la mujer y lo femenino. Mediante los sistemas lingüísticos se universalizan los valores tradicionalmente atribuidos al varón y se infravalora a la mujer y lo femenino. Así, el universo simbólico en el que se introduce el ser humano a través del lenguaje es un universo masculino y androcéntrico, si bien lo es en unos idiomas más que en otros.

El lenguaje eterniza mitos y estereotipos sexistas ayudando a mantener, directa o indirectamente, la discriminación sexual y las relaciones de dominación entre los sexos. De forma más o menos inconsciente, se utilizan expresiones y formas gramaticales que resultan discriminatorias para la mujer, porque la invisibiliza o porque la presenta de forma devaluada. Este fenómeno al que se ha denominado *sexismo lingüístico* y que se estudia con gran interés por disciplinas como la Sociolingüística, la Etnolingüística, la Psicolingüística, la Semántica, convierte al lenguaje en un mecanismo sutil de la reproducción del patriarcado. Como ejemplo de este sexismo lingüístico citaré algunas de sus manifestaciones en español. En él existen expresiones que llevan implícitas representaciones estereotipadas de ambos sexos, y expresiones con connotaciones negativas o despectivas hacia la mujer. Estamos habituados a un sentido positivo de palabras en masculino mientras las mismas palabras en femenino tienen un sentido negativo. Así, no tiene el mismo significado zorro-zorra, verdulero-verdulera, guarro-guarra, etc. También encontramos formas de tratamiento a las personas que indican una diferencia de estatus entre mujeres y varones. En contextos laborales se usa frecuentemente el nombre de pila o diminutivo para mujeres, frente al uso del apellido (señor ...) o el del nombre precedido de don para varones. En algunos contextos se utiliza el apelativo "niña" para referirse cariñosamente a una compañera de trabajo cuando nunca se utilizaría "niño" para nombrar a un compañero. Algunas expresiones también presentan estereotipos asociados a hombres y mujeres con claras connotaciones androcéntricas y sexistas. Por ejemplo, el adjetivo "listas" se atribuye mucho a las mujeres cuando a los hombres se les adjetiva más como "inteligentes" o a las primeras como "histéricas" y a los segundos como "estresados". Hay también lo que se han denominado *vacíos léxicos*, que son palabras referidas únicamente al varón, sin que haya homónimos en femenino, lo que constituye un problema a la hora de nombrar a un referente que es mujer. Por ejemplo, palabras como "hombría", o expresiones como "hombre de bien" u "hombre de Estado". También tenemos lo que se conoce como *vocablos androcéntricos* cuyo significado sólo tiene sentido en una sociedad dominada por varones como, por ejemplo, "hijo ilegítimo", pues para una mujer su hijo siempre es legítimo, o la palabra "penetración" para hacer referencia al acto sexual, que si se expresara desde la visión de la mujer tal vez sería "recepción", "acogida", etc.

En todas las lenguas existen *campos léxicos* en los que se muestra claramente la asimetría y desigualdad de género propia de la sociedad patriarcal. Así, en los insultos es donde más claramente se muestra una imagen devaluada y desprestigiada de la mujer. Hay estudios sobre cómo los insultos son más extensos hacia la mujer y cómo atribuyen el universo de lo positivo al género masculino. Por ejemplo, parece que se atribuye más el término "cotilla" a las mujeres que a los hombres. Otro campo léxico es el del lenguaje sexual que muestra una sexualidad de y para el varón. Refranes como *A la mujer casta, Dios le basta* o *La mujer y el vino sacan al hombre de tino*, *La mujer, en la casa y con la pata quebrada* de los que existen miles en castellano, transmiten una imagen totalmente devaluada de la mujer y una idea de la masculinidad y la feminidad muy estereotipada, según valores androcéntricos.

Pero la mayor desvalorización sexista del castellano es el habitual uso del masculino como generalizador y la utilización del término hombre para designar a todo ser humano, a la totalidad de la humanidad. En este mismo sentido otros muchos conceptos en masculino son extensivos a los dos géneros: profesores para profesores y profesoras, alumnos para alumnas y alumnos, etc. Los masculinos genéricos o extensivos son ambiguos y a veces su interpretación depende de la situación comunicativa. Por ello, cada vez más hablantes se inclinan a hacer explícito el género de los referentes, por ejemplo, nombrando en femenino algunos títulos de profesión (médica, jueza), usando términos colectivos (profesorado, alumnado, etc.), utilizando dobletes (los estudiantes y las estudiantes). En la lengua escrita es cada vez más frecuente utilizar o/a o @, para incluir a los dos géneros en la significación. Está claro que cuanto más se restringe el empleo del masculino genérico y cuanto más se especifica a las mujeres a través del lenguaje, más visibles se hacen éstas. La identificación de lo masculino con la totalidad, de hombre con persona, oculta a la mitad de la humanidad, invisibiliza a las mujeres, y lo que no se nombra no existe; además, convierte a lo femenino en la excepción a la regla, en lo no-masculino. Se transmite de este modo que la mujer y lo femenino no tienen valor, no son la norma, y esto hace difícil, desde el inconsciente de las personas, que se considere la igualdad entre ellas, pero sobre todo tiene una influencia negativa, como hemos visto, en la asunción de la identidad sexual por parte de las niñas y adolescentes.

Si existen en nuestro léxico palabras como "ser humano", "humanidad", "personas", "pueblo", "individuos" para referirse a la totalidad de hombres y mujeres, a las personas en general, ¿por qué seguir usando el masculino como genérico? Los libros de texto de Filosofía en el Bachillerato, asignatura que trata fundamentalmente problemáticas y reflexiones sobre lo humano, están plagados de este masculino genérico. Un día, en una clase, estaba intentando hacerles reparar en este sexismo del lenguaje, cuando un alumno se empeñó en que eso era una tontería y no hacía más que repetir: "¡Qué más da, todos sabemos que se refiere a la totalidad!". Yo pretendía que vieran que utilizar una parte por la totalidad no daba igual, sino que invisibilizaba a la otra parte. Como él seguía repitiendo que daba igual y que eso "era un empeño tonto de las feministas", le dije a la clase: "Bien, como da igual, vamos a sustituir en el Índice de vuestro libro de texto la palabra *hombre* por la palabra *mujer*" e hicimos entre todos este ejercicio. El nuevo Índice quedaba con titulares temáticos como los siguientes: *La especificidad de la mujer; El origen de la mujer; La construcción social de la mujer; La dimensión moral de la mujer*, etc. Según íbamos confeccionando este nuevo Índice, con sólo cambiar la palabra "hombre" por la palabra "mujer", todos y todas reían. Resultaba absurdo y ridículo intentar calificar con la palabra "mujer" al género humano. ¿Por qué? Al fin y al cabo es lo mismo que el masculino genérico: es nombrar una parte pretendiendo generalizar a la totalidad. Resulta absurdo porque en la sociedad patriarcal se identifica *persona* con *varón*; la mujer, lo femenino, queda oculto, se devalúa, no cuenta, y esto lo expresa y lo reproduce el lenguaje, al cual estamos totalmente acostumbrados.

El mundo del conocimiento, el mundo simbólico y cultural, ha sido tradicionalmente construido por los varones y eso está reflejado en el propio lenguaje, que ha silenciado históricamente a las mujeres. La invisibilización de la mujer, así como la presentación del varón como paradigma de lo humano, impregna todas las áreas de la cultura a través del lenguaje: la ciencia, el arte, los libros, los diccionarios, los medios de comunicación, la educación en general. Toda la educación y la cultura se ven condicionadas por el lenguaje como vehículo de transmisión. El lenguaje sexista forma parte de lo que se ha denominado *currículo oculto*, que es todo un contenido que circula por el mundo educativo sin que sea explícito y sin que la comunidad educativa sea consciente de él. Este currículo oculto o implícito tiende a reproducir la cultura androcéntrica de un modo prácticamente imperceptible.

Para lograr una educación realmente igualitaria y coeducativa, el sistema educativo ha de partir (como ya se está proponiendo) de un análisis del lenguaje utilizado en el aula, en los libros de texto y otros medios de transmisión de la cultura, para desenmascarar la sutileza del sexismo lingüístico que impregna todo el conocimiento. Como educadores, puesto que estamos socializados dentro de una cultura patriarcal, es de suma importancia sensibilizarnos y descubrir nuestros propios supuestos y esquemas de conducta sexista en el aula, entre los que se encuentra el lenguaje que utilizamos. Por eso, aunque el sexismo no ha dejado de existir en la escuela ni en los instrumentos de transmisión de la cultura –libros de texto, informática, Internet, etc.–, afortunadamente cada vez más profesionales de la educación son conscientes de él y hacen un uso cuidadoso del lenguaje en su tarea docente, evitando las expresiones sexistas. Del mismo modo, las instituciones educativas van sustituyendo en la documentación académica del alumnado expresiones en masculino por neutros o dobletes: por ejemplo, "la firma del padre o tutor" por "la firma de la madre/padre o tutor/a".

A veces, la propia familia transmite de forma inconsciente la valoración de lo masculino sobre lo femenino a través del lenguaje, valorando los progresos de los hijos e hijas en masculino. Por ejemplo, he oído a padres y madres que dicen a sus hijas: "¡Qué machota mi niña!" después de que haya conseguido superarse en una actividad (generalmente deportiva, competitiva o de autosuperación). Por supuesto, esta expresión aplicada a una niña es inconsciente e incongruente, pero ¿qué se quiere decir con ella? Que qué bien lo ha hecho, qué campeona, qué atrevida, qué intrépida, qué valiente. En realidad se le está transmitiendo que ser todo esto (atrevida, valiente, intrépida), esforzarse, superarse, es ser varón. Ser niña es otra cosa, es ser menos, poder menos. No es de extrañar que los niños, que también reciben el calificativo de "machote" en similares circunstancias, no quieran parecerse a las niñas y se frustren mucho más que ellas cuando no consiguen el éxito en deportes y juegos.

© narcea s. a. de ediciones

Si la sociedad tiene un horizonte de igualdad, hemos de cuidar el lenguaje con el que hablamos a nuestros hijos e hijas, el que utilizamos en las escuelas, el de los medios de comunicación, el de la cultura escrita, etc. Saber las consecuencias del uso sexista del lenguaje y cuidar de que el nuestro no lo sea es contribuir a hacer una sociedad en la que el desarrollo de los individuos no esté limitado por su sexo. La transformación del lenguaje es así una reivindicación más del feminismo para alcanzar la igualdad entre hombres y mujeres. Se entiende que el cambio del lenguaje que mantiene imperceptiblemente la estructura de dominación patriarcal es una forma de contribuir a la transformación de la sociedad hacia una mayor igualdad.

Ante estos intentos de transformar el lenguaje en los que se están esforzando muchas instituciones, y cada vez más profesionales de la enseñanza y las propias editoriales, surgen argumentos en contra, similares a los que daba mi alumno en clase: "El lenguaje, ¡qué tontería!". Según estos argumentos, lo importante no es cambiar el lenguaje, sino la sociedad, las estructuras e instituciones sociales sexistas, acabar con la discriminación sexual en la sociedad; se dice que mientras exista el sexismo en la sociedad, existirá en el lenguaje o que el empeño de cambiar el lenguaje es una pretensión absurda de las feministas o que el uso constante de a/o –por ejemplo, alumno/a– es un uso antieconómico del lenguaje, absurdo, ridículo y costoso. A veces se apela a la tradición: siempre ha sido así, es lo correcto. Para estos argumentos, el lenguaje es un simple espejo de la realidad. Cambiar la sociedad, ¡por supuesto!, pero el lenguaje también, porque no es un mero espejo de la realidad, sino que es el instrumento para construirla y condiciona nuestra forma de captar el mundo y la imagen de nosotros mismos. Si cambia la sociedad cambiará el lenguaje y, al revés, si cambia el lenguaje, cambiará la sociedad. Las transformaciones de la sociedad y el lenguaje que la nombra se dan en un proceso de retroalimentación recíproca. Por eso, intentar cambios en el lenguaje académico y en los usos lingüísticos es contribuir a la transformación social hacia la igualdad. La jerarquización sexual que existe en la realidad se refleja en el lenguaje que la expresa, pero éste a la vez contribuye a recrearla y reproducirla en nuestra representación mental del mundo. El lenguaje *no da igual*, es importante a la hora de construirnos socialmente.

El lenguaje *no da igual* porque no es neutral y la cultura y el conocimiento que se transmiten mediante él tampoco. Bajo nuestras lenguas subyace una visión masculina del mundo y ésta se perpetúa con la transmisión del sistema lingüístico de generación en generación. Es un punto de vista del mundo del que ni siquiera somos conscientes pues ha sido construido en milenios de dominación patriarcal y lo hemos interiorizado como lo normal. Las lenguas son como las gafas con las que observamos el mundo y el color de estas gafas es el que baña la realidad mostrándonosla de una determinada manera. Así, la visión patriarcal del mundo nos la proporcionan las propias lenguas con las que nos expresamos y con las que construimos la realidad. Sin embargo, esta óptica no es la única posible, pues el lenguaje no tiene por qué seguir evolucionando de modo androcéntrico. Se puede, mediante análisis, llegar a descubrir las gafas con las que miramos y saber que no son necesariamente las únicas. Aprender a ver y a reconocer este sexismo lingüístico nos convierte en personas menos manipulables y es un paso fundamental en el proceso de liberación mental.

4. Adenda. Machismo interiorizado y formas de maltrato

A través de la socialización y a partir de valores patriarcales, interiorizamos, como normal y natural, una organización social patriarcal, una forma de percibir el mundo y a nosotros mismos. Asumimos como natural la familia nuclear patriarcal (y, por tanto, como única legítima) y, a la vez, la jerarquía de poder dentro de ella y la división sexual del trabajo, lo que nos lleva a aceptar con cierta naturalidad el sexismo y el heterosexismo que encubre esta naturalización de una forma de organización sociocultural. De forma inconsciente, internalizamos la idea de la heterosexualidad como forma de orientación afectivosexual mejor o superior (más natural) a la homosexualidad, de igual modo que interiorizamos la superioridad del varón y lo masculino sobre la mujer y lo femenino. Ambos prejuicios, fuertemente enraizados en nuestra cultura y en nuestro inconsciente, subyacen en nuestros hábitos y comportamientos manifestándose en actitudes machistas y homófobas.

Nos escandalizamos ante este machismo y homofobia cuando se expresan en forma de violencia física, pero los toleramos, minimizamos, silenciamos, cuando no llega a ésta. Existen formas de machismo y homofobia en nuestros esquemas mentales que dan lugar a actos y actitudes de desprecio y falta de respeto que, en muchos casos, ni percibimos y a las que Luis Bonino (1998) denomina "micromachismos". Sin embargo, estos micromachismos, imperceptibles sin un análisis intencionado pero tan normales, son formas de maltrato psíquicoemocional, tanto para las mujeres como para las personas homosexuales, porque comportamientos y actitudes como burlas, humillaciones, menosprecios, infravaloración, abuso de autoridad, acoso, gritos, insultos, ofensas constantes, intimidación, chistes y bromas ofensivas, etc. son formas de maltrato, como lo es la agresión física. Estos malos tratos hacia las mujeres y las personas homosexuales representan faltas de respeto hacia las mismas, una no consideración de su valor como personas, y de su dignidad, y están bastante más generalizados en nuestra sociedad de lo que creemos.

En miles de situaciones cotidianas el machismo más tolerado se manifiesta en formas de agresión verbal absolutamente intolerables. En mayo del 2001 saltó a la prensa la noticia de que en El Vendrell, un municipio catalán, el Ayuntamiento retiraba, después de editado, un folleto en el cual la Comisión que organizaba la Fiesta de la Bicicleta intentaba fomentar el uso de ésta entre los vecinos, presentando "quince razones para preferir una bicicleta a una mujer". Se incluían en el folleto frases de chistes machistas en los que se comparaba las bicicletas con las mujeres, es decir, las cosas con las personas. Razones como "a una bicicleta puedes montarla sin dejarla embarazada", "puedes compartirla con tus amigos", "nunca tienen dolor de cabeza", "no tienes que ducharte para montarla", "no es necesario que sea sábado para montarla", "separarte de una bici no cuesta dinero" y cosas por el estilo. Resulta indignante, grotesco, insultante, humillante, ¿verdad? Pues aparecían otras nueve comparaciones más entre una bicicleta y una mujer. La mujer es presentada en este folleto como *algo que se utiliza*, que *se usa por el hombre*, como *un objeto sexual de su propiedad*. ¡Esto en un folleto editado por una organización de festejos! Realmente resulta escandaloso. El folleto se les había ocurrido a dos varones, por supuesto. De estos ejemplos del más explícito machismo hay miles, pero lo que llamó mi atención fue que en una entrevista que se les hacía en la radio, después de la retirada del folleto, se defendían del siguiente modo: "Nosotros no somos maltratadores, ni machistas, era sólo una broma... somos personas normales". Lamentablemente tenían razón, son personas "normales", su actitud es aún la "norma" y muchas formas de "maltrato" hacia las mujeres producen risa y son meros chistes machistas a los que estamos habituados.

El lenguaje puede llegar a ser muy agresivo con la mujer, no sólo por el sexismo lingüístico, sino porque algunos varones lo utilizan para cosificar, intimidar, someter, humillar y ridiculizar. Los frecuentes chistes machistas, mediante los cuales se humilla al colectivo de las mujeres en general, son un ejemplo. Otro ejemplo lo podemos ver en formas de un malentendido piropo que son auténticas groserías sexuales y brutalidades que ofenden e intimidan a las mujeres. Faltas de respeto y de consideración hacia las mujeres se reflejan igualmente en otras actitudes que siguen manteniendo los varones en complicidad con otros hombres. Así, es frecuente acobardar a las chicas en el grupo de amigos con burlas sobre sus haceres o decires como provenientes de una "estúpida mujer", ridiculizando públicamente sus opiniones o sus gustos, sus deseos y aficiones como "propios de mujer". En muchas parejas existe también esta actitud del hombre frente a la mujer, especialmente en presencia de otros hombres, donde el chiste fácil del que se ríen los varones ridiculiza y humilla a la mujer, su pareja. Las mujeres padecen y soportan a diario la agresión de estas actitudes machistas habituales o micromachismos.

En la adolescencia, momento de afirmación de sí, en el que chicos y chicas están muy preocupados por ser lo suficientemente masculinos o femeninas, es muy frecuente que ellos lleven a cabo este tipo de actitudes de menosprecio hacia ellas como muestra de su virilidad al grupo masculino, con el que se sienten cómplices. En el instituto y en el aula, que son una microsociedad muy representativa de lo que ocurre en la sociedad en la que vivimos, percibo a diario este tipo de actitudes: valorar públicamente el aspecto físico de una chica, pero tratarla como a una tonta; hacer alusiones despectivas y groseras a su persona, a su aspecto físico o su comportamiento; intimidarlas con bromas y chistes sexistas; coartar su participación dentro del aula con burlas; no reconocer la autoridad de las profesoras con comportamientos insultantes y de falta de respeto que no se tienen hacia profesores. A veces, comportamientos y actitudes machistas en los centros de enseñanza, como en el resto de la sociedad, se toleran con el silencio. Muy a menudo se nos ha dicho que "siempre ha sido así y no tiene ninguna importancia" o "son sólo bromas, ¡qué poco sentido del humor tienes!". Con esto se nos ha callado, de tal forma que las chicas siguen aguantando con resignación estos comportamientos, a veces, sin ni siquiera ser capaces de percibirlos como manifestaciones de un machismo intolerable.

La "normalidad" de estas actitudes masculinas muestra que el sexismo y el androcentrismo están muy presentes aún en nuestra sociedad y que de los malos tratos hacia la mujer ni siquiera tienen conciencia los varones que los llevan a cabo ni, a veces, las mujeres que los padecen. A pesar de que son escandalosamente frecuentes, a menudo no hay conciencia de que lo sean porque están interiorizados en nuestro psiquismo y existe una tolerancia y complicidad social ante ellos. Sin embargo, el hecho de que la mujer se vea sometida desde la infancia, directa o indirectamente, a este tipo de actitudes, la minusvalora y reduce su autoestima, ambas cosas en detrimento de su libertad personal. Estos micromachismos son un maltrato solapado hacia las mujeres y es tan habitual, permitido, silenciado e incluso reforzado en algunos ámbitos sociales, que encubren un maltrato explícito y frecuente en algunas relaciones de parejas, ese al que denominamos violencia de género y que tanto nos escandaliza cuando sale a la luz en forma de asesinatos.

El machismo asumido y socialmente consentido favorece que en las relaciones de género se den diversas formas de manipulación masculina sobre las mujeres. Muchos hombres tratan a las mujeres de modo bastante desconsiderado desde la creencia interiorizada de que tienen algún derecho sobre ellas y muchas mujeres no son capaces de reconocer actuaciones masculinas que son verdaderos abusos hacia ellas. Como han interiorizado la creencia de su inferioridad padecen este tipo de abusos sin reconocerse como víctimas, sino sintiéndose culpables. La autoculpabilidad de la propia víctima –por su falta de seguridad, por el consentimiento social, porque ha interiorizado que lo masculino es la "norma"–, alimenta muchas actitudes masculinas en las relaciones de género que son auténticas manipulaciones psicológicas, emocionales y sexuales, de las que muchos hombres no tienen conciencia. La herencia de la superioridad masculina está tan anclada en nuestro psiquismo que ni los chicos ni las chicas adolescentes, ni muchos hombres y mujeres adultos pueden diferenciar lo que es una broma de lo que es una falta de respeto, lo que es una expresión de cariño de lo que es una actitud de control y abuso de poder, en fin, lo que es tolerable de lo que no. Sin embargo, estos comportamientos de abuso y manipulación masculina son una forma de violencia hacia las mujeres, aunque a veces ni siquiera quienes los padezcan los perciban como tal. Son el resultado de la desigualdad y la base o caldo de cultivo de la violencia física.

Hemos visto que en el proceso de socialización se interioriza la jerarquía propia de la sociedad patriarcal como "algo normal y natural" y los roles de género acordes con ella, que fomentan actitudes de cuidado, dependencia y sumisión en las mujeres y actitudes de dominio, imposición, independencia, agresividad en los varones. La violencia y el dominio se inscriben en el modelo masculino, mientras el "aguantar" y la sumisión se inscriben en el femenino, dando lugar, con frecuencia, a personalidades narcisistas y codependientes que se complementan. Como vemos, el aprendizaje de los roles matratador-víctima (roles en interdependencia y que se retroalimentan) está enraizado en la desigualdad que se nos sigue transmitiendo en la socialización. Tras discursos igualitarios se esconde, además, una creencia muy propia del patriarcado, y hasta hace poco amparada por las leyes: que el matrimonio da derecho de propiedad y dominación del varón sobre la mujer. De igual modo, la idea que se extiende de que la mujer "ya está liberada" y es independiente económicamente oculta la poca confianza de las mujeres en sí mismas, debido fundamentalmente a los mensajes constantes a los que se ven sometidas de denostación de lo femenino y de ellas mismas.

Los medios de comunicación cumplen un papel negativo en relación a la violencia de género, no sólo porque ofrecen una imagen de la mujer como un objeto sexual, y una imagen dominadora, conquistadora, triunfadora y violenta de la masculinidad, sino porque, además, son transmisores de formas sutiles de maltrato hacia la mujer como si fueran chistes triviales y "normales". En algunos programas el trato desconsiderado hacia las mujeres es escandalosamente habitual. La violencia contra la mujer es expresión del poder que ejerce el varón sobre ella en la sociedad patriarcal y de la idea de la superioridad masculina interiorizada, que nos lleva a asumir, a no percibir y consentir formas de maltrato hacia las mujeres como "normales". Estas degeneran en violencia física porque ésta está incorporada en la identidad masculina como una forma de afirmación de su virilidad y asociada a otros atributos que también definen la masculinidad, como la fuerza, la valentía, el riesgo, el poder, el menosprecio de lo femenino. Los chicos interiorizan la identificación de la violencia con la "hombría", lo que les lleva a emplear la fuerza física como modo de resolver conflictos y como modo de afirmación de sí, especialmente visible en la adolescencia. Sabemos que la violencia en los centros de enseñanza es fundamentalmente masculina, según los últimos estudios realizados[1]. De este

---

[1] Las investigaciones sobre maltrato en ámbito escolar o bullying afirman que es básicamente masculino, en especial cuando se manifiesta en forma de agresión física. Estudios sobre este tipo de maltrato son el llevado a cabo a petición del Defensor del Pueblo (2000), el editado por el sindicato Stee-eilas (Avilés, J.Mª, 2003) y más recientemente el publicado por el Centro Reina Sofía para el Estudio de la Violencia (Serrano, A. e Ibarra, I., 2005).

modo, la violencia masculina, generada por el modelo de masculinidad vigente, no es sólo contra las mujeres, sino contra otros hombres.

Otro blanco de la violencia masculina es el colectivo de las personas homosexuales. A la idea de la superioridad masculina interiorizada en nuestras conciencias, acompaña un heterosexismo, también inconsciente, que es el cimiento de actitudes homófobas generalizadas. Los ideales de masculinidad y de feminidad del patriarcado incluyen la heterosexualidad como fundamento de la familia nuclear patriarcal, por lo que a menudo en nuestra cultura se confunde la "homosexualidad" con "la identidad sexual". Si bien la identidad sexual, de hombre o de mujer, no es identificable con la orientación afectivo-sexual de cada uno de ellos (heterosexual, homosexual o bisexual) esta confusión en la cultura patriarcal conduce a un miedo fóbico a la homosexualidad.

La homofobia se desarrolla especialmente en el colectivo masculino por entenderla como pérdida de masculinidad y no es más que miedo a lo femenino. La devaluación y menosprecio de "lo femenino", provoca en el colectivo de los varones, no sólo una huida casi enfermiza de los atributos tradicionalmente considerados tales, sino el rechazo abierto a la homosexualidad masculina y a los hombres homosexuales por la errónea identificación homosexual = femenino. Puesto que en el ideal de masculinidad clásico la virilidad y la hombría son sinónimos de heterosexualidad y la feminidad está devaluada, "ser hombre" es ser heterosexual y ser homosexual es "ser menos hombre", "no hombre", o "femenino". Y "ser femenino" es "ser menos". El rechazo y desprecio hacia la homosexualidad femenina también tiene su origen en la jerarquía patriarcal pues, las lesbianas, al no estar disponibles sexualmente para los varones, cuestionan su papel dominante. Digamos que los varones ven amenazada su identidad ante un gay o una lesbiana mientras las mujeres no. Esto explica que, como han puesto de manifiesto diversas encuestas, las mujeres tengan menos problemas en tratar y aceptar a gays y lesbianas que los hombres. Machismo y homofobia son así actitudes que van de la mano en su intento de preservar el ideal de masculinidad del patriarcado. Como se fundamentan en la "normalidad masculina" no son vistas como auténticas patologías y son legitimadas en la práctica.

La homofobia masculina y el maltrato a las personas homosexuales son igualmente consentidos y trivializados como "normales". Así, en los centros de enseñanza y en otros espacios de socialización, oímos la palabra "maricón" constantemente sin que nos inmutemos o hagamos algo al respecto. A veces consentimos manifestaciones de prejuicios homofóbicos, como también lo hacemos con las manifestaciones sexistas, aceptándolas por su frecuencia pero, de este modo, somos cómplices de su "normalización" con total inconsciencia. Muchos de nuestros comportamientos, de todos y todas, por acción o por omisión, contribuyen directa o indirectamente a que sigan existiendo los "malos tratos" hacia las mujeres y las personas homosexuales, convirtiéndonos en colaboracionistas por dejadez. Así, las risas del público cuando un chico humilla o ridiculiza a una chica o cuando se llama "maricón" o "bollera" a alguien, son igualmente humillantes y refuerzan esta conducta masculina. Del mismo modo, el silencio es cómplice de estas actitudes, pues mediante él obviamos una realidad y, sin pretenderlo, la validamos.

Tomar conciencia de todo esto es fundamental para terminar con estas prácticas. Para ello hemos de deconstruir la ilusoria "normalidad masculina" que hemos interiorizado. Esto sólo es posible con un trabajo de autoanálisis que nos permita darnos cuenta de su presencia en muchos de nuestros comportamientos y actitudes, incluidos el silencio y el consentimiento. Sólo así podremos visualizar el maltrato y evitarlo. El principio de dominación masculina ya no es hoy incuestionable: podemos esforzarnos en percibirlo, en nosotros o en los que nos rodean y rebelarnos contra él. Sentimos vergüenza ajena ante conductas que percibimos como indignantes en relaciones cercanas, pero miramos para otro lado. Sin embargo, evidenciar la injusticia en las relaciones entre las personas e indignarnos por ella es reconocer públicamente que hay sufrimientos evitables. La indignación es un sentimiento ante una situación injusta, lo cual indica que se percibe. En nuestras manos está percibirlo pasivamente o actuar ante ella, como mínimo mostrando nuestro malestar o desaprobación. No se trata tan sólo de reconocer que es injusto lo que sucede, sino de preguntarnos qué parte de responsabilidad tenemos en que siga sucediendo.

Tanto en el caso de las mujeres como en el de las personas homosexuales, las secuelas que puede provocar este "maltrato" generalizado, padecido desde la infancia y especialmente en la adolescencia, pueden aparecer con los años, pero se transformarán en inseguridad y baja autoestima. Todas las muestras de faltas de respeto hacia las mujeres o hacia las personas homosexuales, convertidas en "norma", generan en ellas mucho sufrimiento, les impiden gozar de sus derechos y de sus libertades fundamentales y manifiestan la desigualdad real existente en nuestra sociedad, así como la hegemonía del patriarcado y de su ideal de masculinidad.

La relación que tiene el modelo de masculinidad clásico, el de "macho", con la violencia lleva a tomarse en serio las *políticas educativas para la igualdad* que estimulen y preparen a chicos y chicas a un cambio de mentalidad. Si bien es necesario trabajar en varios campos de actuación, la verdadera prevención de la violencia machista –tanto la de género como la homófoba u otras– se encuentra en la educación, una educación que fomente la comunicación y el respeto en las relaciones entre ambos sexos, que introduzca una verdadera educación afectivo-sexual, superando los prejuicios sobre la homosexualidad, que transmita otra forma más flexible de entender el género y que "desnormalice" el modelo de masculinidad vigente. Esta educación ha de tener como objetivo formar personas íntegras y autónomas, no dependientes, que se acepten a sí mismas y se expresen en libertad, responsabilidad no sólo de la escuela, sino de otros agentes sociales, como la familia y los medios de comunicación, entre otros.

5. Cambios y costes de la igualdad

> *Nadie censura que una mujer sea una buena escritora o escultora o una excelente especialista en genética si al mismo tiempo consigue ser una buena esposa, una buena madre, tener buena presencia, un temperamento agradable, estar bien educada y no ser agresiva.*
>
> LESLIE M. MCINTYRE

En el último siglo hemos asistido a un cambio profundo de la sociedad y de la participación de la mujer en ella, que exige el cambio de los roles de género y una transformación del concepto de feminidad y masculinidad a ellos asociados. Hoy, a medida que la posición de hombres y mujeres se convierte en menos jerárquica, los roles de género están cambiando y los modelos de feminidad y masculinidad se flexibilizan. Estos cambios permiten un mayor desarrollo personal, tanto a las mujeres como a los hombres, pero producen en ambos inseguridad y confusión.

La búsqueda de la libertad y de la igualdad está iniciando un proceso de desmoronamiento del patriarcado al traer consigo cambios sociales y culturales fundamentales, pero también está provocando la crisis personal y la desorientación de mujeres y hombres, pues nuestra identidad se ha definido durante siglos de acuerdo con los valores de la cultura patriarcal y éstos se siguen imponiendo. Nuestra cultura sigue transmitiéndonos modelos de género tradicionales y bipolares, con una posición subordinada de las mujeres. Aunque estos modelos resulten contradictorios con una sociedad en cambio como la nuestra, aún presionan con fuerza, contribuyendo a la reproducción de la desigualdad y al desarrollo descompensado de la estructura psíquica de hombres y mujeres.

Nuestras vidas se están desarrollando en este importante periodo de cambio, pero cargamos con una herencia que hemos interiorizado desde la infancia. El desarrollo de nuestra personalidad en esta sociedad en transformación resulta difícil y tiene costes psicológicos para la mayoría, así como una muy extendida desorientación vital. Los periodos de grandes cambios históricos han supuesto siempre desorientación y crisis de identidad en sus protagonistas, lo que se manifiesta en malestar e insatisfacción individual. Sin embargo, las crisis, personales o sociales, a pesar del desorden, la incertidumbre y el miedo que producen, son necesarias para cualquier transformación. Mujeres y hombres que están rompiendo con modelos de vida impuestos por la tradición y proponen con sus vidas múltiples vías de realización personal, no sólo se están inventando a sí mismos sino que están construyendo e inventando una sociedad nueva, alternativa a la patriarcal.

Las mujeres y el cambio social

Los logros de las mujeres son inseparables de la industrialización y de los cambios socioeconómicos que ésta genera. La revolución industrial potenció la incorporación de la mujer al mundo del trabajo asalariado, pues desde el punto de vista económico era necesaria como mano de obra barata. El movimiento social feminista, sus quejas, sus vindicaciones y acciones en busca de la igualdad, son inconcebibles fuera de este contexto y, por eso, durante los siglos XIX y XX este movimiento recorrió su camino vinculado a la izquierda y apoyando presupuestos marxistas, como hemos visto. La novedad producida durante la segunda mitad del siglo XX ha sido la generalización de la incorporación laboral de mayor número de mujeres y en una amplia diversidad de empleos y ocupaciones. En la nueva etapa de la economía mundial globalizada producida por la revolución tecnológica, la mano de obra femenina, al ir incorporándose al mundo laboral, se está ajustando a los cambios de éste: nuevas ocupaciones, mayor diversificación y especialización, mayor cualificación. Es cierto que la incorporación de la mujer al trabajo remunerado se está produciendo en situación de desigualdad (sueldos más bajos, menos oportunidades de promoción) y que, además, el trabajo doméstico es una sobrecarga de trabajo invisible que sigue recayendo sobre ella. Pero lo que también es cierto es que esta paulatina incorporación de la mujer al mercado laboral es la variable protagonista de otros cambios socioculturales que están cuestionando la estructura y cultura patriarcal. La mayor participación femenina en la población activa está relacionada con su mayor formación. Los datos estadísticos muestran que los estudios universitarios y, en algunos contextos, también el bachillerato, se están feminizando. Las mujeres han accedido a la educación, están más formadas que sus madres y saben que, a mayor formación, más posibilidades de emancipación.

Relacionado con la educación de las mujeres y su entrada en el mercado laboral, así como con el cambio de mentalidad de la sociedad que suponen ambos procesos, se da un cambio demográfico y una transformación de las familias. Está demostrado que la educación de las mujeres es la política para el desarrollo que mayor impacto demográfico tiene, en cuanto que reduce la fecundidad y evita la mortalidad infantil. En los últimos treinta años las tasas de natalidad han disminuido en muchos países en vías de desarrollo, descendiendo el número medio de hijos por mujer de seis a tres, por el incremento de la educación de las mujeres. Educación de las mujeres y planificación familiar son medidas para el desarrollo que van unidas: los estudios demográficos demuestran que no existe un lugar en el mundo en el que las mujeres hayan podido elegir y no hayan elegido tener menos hijos. En los países desarrollados, donde hay más posibilidades de acceso a la cultura y mayor incremento en la participación laboral de las mujeres, el descenso de la natalidad ha sido mucho mayor. Así pues, hay una relación directa entre educación, entrada de la mujer en el mundo laboral y natalidad: a mayor formación, mayor índice de participación femenina en la población activa y menor índice de fecundidad.

Una de las consecuencias más importantes de la nueva situación es la crisis de la familia patriarcal tradicional en favor de modelos de pareja más igualitarios, cambiando el propio concepto de familia. La independencia económica de más mujeres está generando la posibilidad de que muchas puedan vivir solas. Se empieza a dejar de ver a la pareja (heterosexual) como la única forma de relación posible y el matrimonio como único fin de la existencia de las mujeres. En las nuevas circunstancias se están incrementando las tasas de separación y divorcios. Se produce también una disminución de la nupcialidad, aumentando el número de parejas heterosexuales de hecho. Además, una mentalidad más abierta en cuanto a la sexualidad, está generando, aunque lentamente y con resistencias, el reconocimiento legal de las parejas homosexuales, transformándose el concepto de matrimonio.

Aparecen así nuevos modelos de familia: disminuye el número y la proporción de las familias nucleares a la vez que crece el número de hogares unipersonales (personas que viven solas), monoparentales (familias constituidas por uno de los progenitores, generalmente la madre, y los hijos o familias con hijos adoptados) y homoparentales (familias formadas por parejas homosexuales con o sin hijos); por otro lado, se prolonga la etapa de "nido vacío" (parejas sin hijos) en el ciclo vital de la familia y se reduce el número de hijos en la familia nuclear. Por último, en el interior de las familias nucleares, se están produciendo transformaciones a medida que las mujeres van participando económicamente en ellas, con una lenta tendencia a perder peso la figura del cabeza de familia como el sostén económico[1].

La incorporación laboral de las mujeres, en cuanto a la independencia económica y la mayor participación en la vida pública que les supone, está produciendo lo que se ha denominado el empoderamiento de las mujeres, que se refiere a su mayor poder de decisión en todos los ámbitos de la sociedad, no sólo en el interior de la familia, sino en otros espacios de la vida pública. Lo que se conoce por empoderamiento es el proceso por el cual más mujeres acceden al control de los recursos materiales (trabajo, dinero, propiedades, etc.) y culturales (facilidades para crear, propagar e institucionalizar valores, actitudes y comportamientos), condición necesaria para que ganen en derecho, autoestima, sean dueñas de sí mismas y refuercen su protagonismo en todos los ámbitos. Por ello, se entiende que el logro del empoderamiento de las mujeres es un elemento fundamental para el cambio de la sociedad y se propone como una de las vías de solución e intervención en las políticas de cooperación y desarrollo.

Estas transformaciones que se han iniciado en el siglo XX y que se siguen produciendo en las sociedades occidentales, en España han sido extraordinariamente rápidas en el último cuarto de siglo, tras el cambio político del régimen dictatorial franquista al democrático. Durante el período franquista imperaba una ideología sobre el marimonio y la maternidad como único ideal de realización para las mujeres, que se apoyaba en una *discriminación legal* hacia las mismas. No es

---

[1] Los datos que proporciona el INE de los censos de 1991 y 2001 muestran que en 10 años la estructura y el tamaño de los hogares en España se han modificado considerablemente. Los cambios más notables han sido el aumento de los hogares unipersonales de 1,6 a 2,9 millones y la disminución del número de parejas con 4 hijos o más de 485 mil a 176 mil. El número de las parejas de hecho y el de los hogares monoparentales se han duplicado. Las parejas sin hijos han aumentado de 2 a 2,5 millones. En el censo de 2001 el 3,6 % de los hogares formados por parejas con hijos son familias reconstituidas.

de extrañar que nada más morir Franco y durante la transición política, el esfuerzo del feminismo español, especialmente la actividad de mujeres abogadas, se centrara en cambiar la legislación vigente, según la cual la mayoría de edad para las mujeres era a los veinticinco años, mientras que para los varones era a los veintiuno. En caso de matrimonio, la mujer podía tener una mayoría subsidiaria a los veintiuno. Tenía que estar sujeta a la autoridad paterna y después a la autoridad marital. Según el Código Civil del momento, dentro del matrimonio "la mujer ha de obedecer al marido". Sin la autoridad del padre o del marido la mujer no podía llevar a cabo ningún acto civil: no podía ejecutar ninguna acción con dinero o bienes, es decir, no podía realizar compra-venta de algún bien, herencia, firmar un contrato de trabajo, abrir una cuenta bancaria o administrar una propiedad. Esto nos ayuda a entender el mundo en el que se educaron nuestros padres y los coletazos machistas que nos han transmitido.

Con la Constitución de 1978 se reconocía la igualdad de derechos entre mujeres y hombres en España y, a partir de este momento, las transformaciones socioeconómicas para las mujeres han sido espectacularmente rápidas comparadas con las vividas en otros países desarrollados. En solo una década, los años ochenta, el crecimiento laboral de las mujeres jóvenes fue tal que al iniciarse los noventa conseguían tener una presencia laboral similar a la del resto de países occidentales. Sin embargo, el incremento de la presencia femenina en el mercado laboral no ha continuado a igual ritmo que el europeo, por lo que, al iniciarse el nuevo milenio, España presenta los menores porcentajes de empleo femenino de Europa. No obstante, las nuevas generaciones tienen más formación que las anteriores y nuevas aspiraciones profesionales y económico-laborales, por lo que retrasan la entrada al matrimonio y la maternidad. La consecuencia directa ha sido un descenso de natalidad, similar al de otros países, solo que en España ha sido muy rápido y brusco: el índice de natalidad descendió de 2,1 a principios de los ochenta, a 1,4 a finales, situándose entre los países con el índice más bajo de toda Europa. A finales de los noventa el índice había descendido aún más, a 1,3, situándonos entre los países con menores índices de fecundidad del mundo. Si bien en los últimos años parece que el índice se incrementa levemente, debido a la presencia de grupos inmigrantes, esta baja natalidad no expresa más que la decisión de muchas mujeres españolas de no optar por el ideal de la maternidad porque sienten incompatibilidad entre ésta y su autorrealización laboral y personal.

Una vez entra en crisis el modelo de familia patriarcal tradicional, se produce también, como en otros países, un descenso de la nupcialidad (el matrimonio como institución) y un incremento de las rupturas de pareja. En la década de los noventa el número de parejas de hecho se ha multiplicado por 2,5. Tras la legalización del divorcio, de 1985 a 1995 el número de separaciones aumentó en un 48% y ha seguido en aumento, incremento también muy rápido en relación a otros países del entorno. Según los datos estadísticos, los hogares unipersonales formados por personas separadas y divorciadas, en 1991 eran el 30% de los que aparecen en el censo de 2001.

Todos estos acelerados cambios en el sistema social español significan grandes transformaciones en la vida cotidiana y en el sistema de valores, no sólo de las mujeres, sino de la sociedad en general. Actualmente asistimos a un cambio histórico de mentalidad y de estructuras sociales a nivel mundial por la nueva posición de la mujer, pero especialmente rápido en el caso español.

Los costes del cambio

En esta sociedad cambiante los modelos tradicionales de familia, los modelos de género bipolares, muy estereotipados según sexo, conviven con otros estilos de vida y estructuras socioeconómicas que abren novedosas perspectivas. Aunque empiezan a aparecer otros tipos de familia, hay que tener en cuenta que, después de la unipersonal, la nuclear típica sigue siendo el modelo mayoritario y el ideal en la sociedad de comienzos del siglo XXI. Como hemos visto, la socialización por agentes externos a la familia tiende a reproducir los modelos de género tradicionales, presionando en favor de unos ideales de feminidad y masculinidad estereotipados y bipolares y del modelo de familia patriarcal como unidad de consumo. Sólo tenemos que observar a la mujer que presenta la publicidad: madres, esposas, trabajadoras domésticas, bellezas, pero con instrucción y profesiones propias. Parece que el modelo ideal de mujer es el mismo de siempre, al que se le han añadido la instrucción y la actividad laboral. El estereotipo de hombre que presenta la publicidad también parece el tradicional: sigue siendo el peso económico de la familia, el consumidor de los bienes más caros e importantes para la misma, profesionalmente un triunfador, desligado del trabajo doméstico o, como mucho, colaborador.

Vivimos entre generaciones que, a pesar de su continuidad en el tiempo, son muy diferentes en mentalidad, costumbres y aspiraciones. Existe una contradicción entre los modelos e ideales en los que nos educamos y nuestras nuevas posiciones en la participación en la vida social. Los modelos tradicionales de feminidad y masculinidad que se siguen imponiendo limitan nuestras posibilidades de realización, lo que produce malestar, confusión y crisis personales. En la sociedad española, donde los cambios son acelerados, los costes personales son mayores y la crisis de identidad individual se vive con mucha angustia por los protagonistas. Una mayor formación e independencia económica de las mujeres de las nuevas generaciones les lleva a tener diferentes aspiraciones a las que han tenido sus madres o abuelas. En los varones de las nuevas generaciones, su forma de enfrentarse al mundo y de relacionarse en él no es como la de sus padres o abuelos. Se enfrentan también, no sólo a una sociedad en transformación, sino a otro tipo de mujeres, las de generaciones anteriores (las de sus madres y abuelas), con otro tipo de formación, aspiraciones y exigencias, con las que tienen que compartir, en relación de igualdad, no sólo la pareja, sino el mundo laboral. Las relaciones entre ambos, mujeres y hombres, se complican.

© narcea s. a. de ediciones

Nos encontramos con que hemos interiorizado en la infancia y posteriormente, por la persistente presión social, una serie de roles de género que ya no nos sirven. La sociedad en transformación en la que nos educamos nos transmite un contenido cultural ambiguo y contradictorio. Nuestro desarrollo personal en este momento, en el que las transformaciones de la realidad social chocan con la interiorización de valores patriarcales anacrónicos, resulta muy costoso. La contradicción se padece de forma individual y es expresada en forma de queja constante de chicas y chicos, mujeres y hombres, hacia el otro grupo de género y, en algunos casos, en forma de enfrentamiento entre ambos. El cambio social tiene sus costes y tanto mujeres como varones están desorientados y se sienten insatisfechos. Como resultado de las tiranías de los estereotipos e ideales de género que se nos siguen transmitiendo socialmente y que no nos sirven ya en la nueva sociedad, surgen problemas psicológicos de género que muchas veces terminan en depresión. En este contexto cambiante y contradictorio habrá quienes se desarrollen en conformidad con el rol de género impuesto históricamente, pero habrá también quienes crezcan en disconformidad con el estereotipo tradicional.

El esfuerzo que las mujeres han hecho y hacen para romper con los papeles tradicionales que las esclavizaban les está provocando una crisis de identidad, y también, aunque más lentamente, en los varones[2]. Por otro lado, las consecuencias de la incipiente igualdad están generando una pérdida de la calidad de vida de la colectividad. Comidas preparadas y sucedáneos, y una menor atención a los demás miembros de la familia, son consecuencias negativas para la salud, la educación y el cuidado de las personas. La entrada de la mujer en el espacio público sin ser acompañada por una equitativa

---

[2] Un interesante análisis de las transformaciones sociales y culturales que han logrado y están logrando las mujeres, no sólo con sus reivindicaciones, sino con sus propias vidas y de los costes que esto está teniendo para ellas, ha sido realizado por Carmen Alborch en su libro *Solas*.

entrada del varón en el espacio doméstico o privado ni una intervención estatal adecuada para suplir ese trabajo invisible que siempre ha realizado la mujer, está generando una carencia social que supone una carga, tanto física como psíquica para las mujeres.

Mujeres insatisfechas

Parece que las grandes beneficiadas de esta transformación son las mujeres, pues con ella ganan en libertad y autonomía, tienen más posibilidades de realización, más opciones, mayor capacidad de decisión y de búsqueda de felicidad, siendo dueñas de sí mismas. Sin embargo, se encuentran con una disyuntiva: si no se conforman con el rol subalterno tradicional de esposa y madre, se ven compitiendo con los varones por los puestos de poder y prestigio, masculinizándose. Si optan por todo, por el desarrollo de una profesión y por la maternidad, estarán optando por dos roles contradictorios que generarán en ellas insatisfacciones y conflictos personales de todo tipo.

Al persistir las estructuras sociales patriarcales y las ideologías sexistas y androcéntricas, muchas mujeres sienten insatisfacción por la incompatibilidad de la vida profesional con la vida privada. Viven en una especie de esquizofrenia provocada, por un lado, por esta contradicción entre el interiorizado rol tradicional de madre y esposa y sus nuevas aspiraciones, y, por otro, porque no sienten que la sociedad se haya transformado lo suficiente como para poder llevar a cabo sus proyectos personales. La mujer siente que cambia, pero percibe que no la acompañan en el cambio ni el varón ni las estructuras sociales. Una gran mayoría de mujeres padece la doble jornada (trabajo dentro y fuera de casa), lo que supone una sobrecarga de trabajo que les reduce su tiempo propio y les impide un desarrollo personal. Esta acumulación de tareas y responsabilidades con que se encuentra la mujer actual y este sentimiento de incompatibilidad entre vida profesional y familiar no lo siente así el varón. Esto requiere y exige, para quienes optan por la familia nuclear, un cambio urgente en el papel del varón en relación a las responsabilidades y compromisos familiares.

En este contexto, se entiende la indecisión actual de muchas mujeres por ser madres, indecisión vivida entre la frustración y la culpa, pues han sido educadas en la idealización de la maternidad como ideal de felicidad. Esta identificación no sorprende, porque el rol de mujer se ha definido históricamente en torno a la maternidad, y ésta sigue presionando, con más o menos fuerza, sobre todas las mujeres.

Si la mujer se decide por la maternidad, ésta también es vivida de forma problemática. Por un lado, porque mayoritariamente la maternidad no es compartida todavía con una paternidad responsable, lo que, además de una sobrecarga adicional a la doble jornada (lo que se ha denominado triple jornada), conduce a muchas mujeres a un sentimiento de soledad en relación a esta tarea. Por otro lado, porque desde el estereotipo de género tradicional, socialmente se culpabiliza a la mujer por no dedicarse lo suficiente a la familia. El estigma de "mala" madre por su dedicación profesional o a sí misma recae sobre ella, mientras no recae sobre su pareja el de "mal" padre por lo mismo. La dedicación profesional del padre socialmente se sigue presuponiendo, mientras que la de la madre es entendida como opcional. Muchas mujeres sienten miedo y culpa por no cumplir con el rol estereotipado de "buena" madre y/o viven el conflicto que deviene de compaginar su yo individuo y su yo madre. Las mujeres que trabajan fuera y dentro del hogar se han convertido en una especie de *superwomen* que aparentemente pueden con todo pero, en realidad, se sienten insatisfechas porque, a pesar de ser víctimas de jornadas agotadoras, creen que no alcanzan la excelencia en todo lo que hacen.

Esta incompatibilidad entre desarrollo personal y vida familiar está generando que para muchas mujeres la realización profesional y personal suponga la renuncia a otro tipo de realizaciones en otros ámbitos de su vida: renuncia a la maternidad, al compromiso de la pareja. En Estados Unidos ha surgido el concepto de *island woman*, para referirse a esta mujer emancipada que se aísla de la sobrecarga que supone la pareja y la familia en una sociedad patriarcal y bastante sexista aún, y que renuncia a ellas optando por la soledad. Estas mujeres, a las que Carmen Alborch llama "llaneras solitarias", demuestran que vivir sin pareja hoy es una opción legítima para la mujer, pero de su soledad tampoco se sienten satisfechas.

Muchas de las mujeres que recorren el camino del matrimonio y la maternidad como única opción vital, las "amas de casa", se sienten también en muchos casos insatisfechas por no haber construido una vida propia, por haber estado siempre a disposición de los demás, olvidándose de sí mismas. Así, mientras están dedicadas al cuidado de los demás miembros de la familia, sienten que no tienen un espacio propio ni un tiempo para ellas. Cuando los hijos marchan y vuelve a estar el nido vacío, sufren un vacío existencial que lleva a muchas a la depresión: habiendo dedicado toda su vida al cuidado abnegado de otros, sienten la necesidad de seguir siendo necesitadas. Para más complicación, estas mujeres se encuentran con la falta de valoración social de su dedicación a la vida doméstica y con el rechazo de otras mujeres que se sienten diferentes por emancipadas, incluso con la incomprensión de sus propias hijas. En España, el carácter despectivo del término *maruja* aplicado a aquellas mujeres así lo muestra. Existe una incomprensión hacia ellas, especialmente en las generaciones jóvenes, vivida como rechazo, lo que incrementa su aislamiento y soledad.

Hay que tener en cuenta que este papel, el de ama de casa, aunque esté devaluado, cumple una importantísima función social. Por otro lado, no olvidemos tampoco que este papel no ha sido elegido por las mujeres de generaciones anteriores: a la mujer se la educaba para ello (para cuidar, para responsabilizarse de los demás, para no tener vida propia) y no se le dejaba otra opción (ni educación, ni posibilidad de empleo, ni independencia económica, y en algunos casos, ni actividades sociales que les permitieran relacionarse con otras personas y enriquecerse). En la actualidad, el rol de ama de casa tampoco es elegido por las mujeres como forma única de realización personal, sino impuesto por circunstancias socioeconómicas. Aquellas pocas mujeres que tienen el privilegio de elegir este rol lo hacen sólo durante un tiempo (mientras los hijos son pequeños), no como opción vital permanente. Estas mujeres, o bien desde el punto de vista económico y laboral son privilegiadas (el núcleo familiar se puede mantener sin sus ingresos y tienen profesiones o empleos en los que les resultará fácil incorporarse y reciclarse después de unos años), o bien verán truncados sus proyectos profesionales, siendo muy difícil su incorporación laboral posterior. Las posibilidades de emancipación de las mujeres están muy condicionadas por la clase social y el estatus económico.

Otras muchas mujeres, a pesar de su empoderamiento en la sociedad actual, sienten lo que se ha denominado el miedo al éxito: miedo a mostrar sus talentos, miedo a ser consideradas ambiciosas, miedo a superar intelectual, profesional o económicamente a sus parejas. La sociedad, anclada en estereotipos de género tradicionales, desde la infancia invita a las chicas a ocultar sus capacidades intelectuales y sus éxitos, mientras alienta a los chicos a exhibir los suyos. Puesto que las mujeres aprenden pronto que las relaciones con los varones se hacen difíciles para aquellas con capacidades intelectuales brillantes y que ser femenina supone no exhibirlas, tienden a ocultarlas por miedo al rechazo. Esto produce en ellas insatisfacción y malestar, pues se encuentran divididas entre lo que son y lo que deben ser para ser aceptadas como mujeres en una sociedad aún sexista.

El ideal de la feminidad relacionado con la belleza, transmitido en forma de opresión por la ideología dominante y expresado en los medios de comunicación con la imagen de mujer como pasivo objeto sexual, repercute, en mayor o menor medida, en todas las mujeres. La imagen física, el canon de belleza que impone la industria cosmética y de la moda es hoy una forma de reproducción del poder masculino que, como expresa Pierre Bourdieu en *La dominación masculina*, actúa como "violencia simbólica" sobre la psique de las mujeres conduciéndolas a una inseguridad constante. Aunque algunas mujeres han aceptado una burda cosificación –sólo hay que ver las mujeres del famoseo televisivo, operadas de todo y presumiendo de los varones con los que se acuestan-, todas las mujeres sufren esta presión simbólica o cultural que las convierte en dependientes del varón. De forma inconsciente, las mujeres nos vemos atrapadas en una hiperpreocupación estética (por el cuerpo, la ropa, la belleza, la juventud) que nos desestabiliza emocionalmente y daña nuestra autoestima, pues estamos condenadas a experimentar constantemente la distancia entre el cuerpo real y el ideal al que intentamos siempre acercarnos. El esfuerzo por resultar atractivas, bellas y jóvenes, no sólo nos lleva a ir contra nuestra salud y a olvidarnos de nosotras como personas (sujetos, no objetos), sino a vernos y valorarnos a nosotras mismas con los ojos de los hombres. Las frustraciones por el envejecimiento, por no resultar atractivas, siguen siendo la norma entre las mujeres occidentales. Esto ha llevado a Fatema Mernissi a afirmar en su libro *El harén en Occidente* que el ideal kantiano de mujer, "belleza sin cerebro", se sigue imponiendo en Occidente a través de la imagen y es la forma sutil de esclavitud de las mujeres: "el harén de las mujeres occidentales es la talla 38".

Parece que ser mujer en la sociedad actual es complicado, a pesar de que los grandes logros del último siglo la coloquen en una situación de privilegio inigualable con respecto a otros momentos históricos. Las mujeres ganan en libertad pero su nueva situación las conduce a una crisis de identidad como mujeres. Si optan por la feminidad tal como se ha entendido y transmitido hasta ahora se anulan a sí mismas: o se convierten en objeto o en un ser para otros, o dejan de desarrollar ciertas actitudes y potencialidades por miedo a la masculinización. ¿Cómo ser mujer en las nuevas circunstancias?; ¿se puede ser mujer sin ser madre?; ¿cómo ser madre y desarrollarse personalmente como ser individual autónomo e independiente?; ¿cómo desarrollarse profesionalmente sin copiar los modelos masculinos de éxito social?; ¿cómo ser mujer compitiendo con los varones por los puestos de prestigio?; ¿cómo ser mujer sin miedo y con independencia de los criterios de un varón?; ¿se puede ser mujer segura de sí misma padeciendo la constante devaluación que supone ser vista como un objeto y tratada sin ningún respeto?

Las cualidades culturalmente atribuidas al rol masculino siguen siendo las hegemónicas en la sociedad (androcentrismo), lo que hace que muchas mujeres que pretenden insertarse con éxito en la esfera pública tiendan a la masculinización de su carácter sin tener conciencia de ello o sin desearlo. A todo esto hay que sumar la inseguridad de muchas mujeres en sí mismas, debido a la educación en el rol femenino tradicional que todavía socializa a la mujer, no para la autonomía, sino para la dependencia, y a que su autoestima está dañada por una cultura que desprecia lo femenino y le impone un ideal de belleza constrictivo, física y psicológicamente.

Varones desorientados

¿Qué está sucediendo con los varones? ¿Cómo viven el cambio social? ¿Cambian? ¿La sociedad sigue siendo a su medida? Es claro que el sistema socioeconómico es discriminatorio para la mujer y favorece al varón. Por otra parte, a pesar de los cambios en el sistema de valores que se están produciendo en la sociedad, persiste la universalización de los valores atribuidos y relacionados tradicionalmente al varón. *Androcentrismo* en el sistema de valores y creencias, y estructuras socioeconómicas sexistas o discriminatorias para las mujeres siguen hoy perviviendo y fundamentando el patriarcado. Aunque no se trata de ver la desigualdad de género como producida y mantenida intencionalmente por el colectivo de los varones, unidos y organizados deliberadamente para ejercer el poder sobre las mujeres, ni de olvidar la parte de responsabilidad de las mujeres en el sistema de dominación por su complicidad con él, hay que tener presente que de esta desigualdad ellos se benefician. ¿No tienen necesidad de cambio ni readaptación?

Como señala Carmen Alborch, "en una sociedad en transformación, mujeres y hombres han de reubicarse en un proceso de continuidad". Los roles de género están cambiando en nuestra sociedad, aunque sea a distinto ritmo. Si el rol de la mujer cambia, también lo hace el del varón. Aunque hay un desfase entre la transformación y la evolución de las mujeres y la de los varones, éstos también están cambiando. Se ven obligados a ello. Los varones están viviendo un momento de transformación hacia otro modo de ser hombre, otro modo de entender la masculinidad. Esto tiene sus costes, pues genera en ellos diversos tipos de frustraciones y malestares y, al igual que en las mujeres, una crisis de su identidad como hombres. En cuanto que el ideal de masculinidad del patriarcado es inalcanzable, se produce en ellos una tensión entre la exigencia de dicho ideal y las propias posibilidades. Según Luis Bonino[3], estos malestares de los hombres y la crisis de identidad masculina se conocen menos que los trastornos psicológicos femeninos, debido a la invisibilidad de los varones en las terapias y estudios psicológicos, y a que tienden a disimularse con diversos mecanismos de protección.

El malestar masculino se produce porque los hombres se ven desplazados por el imprevisto protagonismo de las mujeres en todas las áreas. El rol masculino tradicional, con una posición de poder sobre la mujer, choca con la nueva posición de ésta. Aunque siguen teniendo el poder económico, han perdido autoridad, lo que se traduce en una indefinición del papel que representan. Por otro lado, muchos ya no se sienten cómodos en el papel de

---

[3] Luis Bonino, director del *Centro de Estudios de la Condición Masculina de Madrid,* trabaja con hombres en grupos terapéuticos y de autoanálisis. En diversos artículos (ver bibliografía) ha analizado los malestares masculinos y las patologías de género que padecen los varones hoy, el maltrato masculino hacia las mujeres y las conductas de riesgo en adolescentes varones. En sus trabajos baso este apartado.

"machos", pero fuera de él no saben qué significa "ser hombre". La denostación de lo femenino en nuestra cultura como sinónimo de debilidad, dependencia, sensiblería, les conduce a rechazarlo frontalmente o a incorporarlo con dificultad por su minusvaloración interiorizada. Incorporar a su carácter cualidades tradicionalmente atribuidas al rol femenino que empiezan a valorar, les lleva a percibirse como blandos, poco viriles, lo que atenta contra su identidad sexual.

Muchos varones se encuentran desconcertados por el empoderamiento de las mujeres y sienten miedo por no saber manejarse con el grado de autonomía de las mismas. El cambio en la posición de poder de las mujeres les obliga a resituarse, pues éstas son cada vez menos dependientes de ellos, económica, sexual, intelectualmente y en la toma de decisiones. Esto los deja desorientados, perplejos, no saben qué nuevo papel les toca desempeñar. Todavía no tienen muchos modelos que imitar que no sean autoritarios. Han sido educados para un papel privilegiado, pero cuando descubren que han vivido una mentira con abuelos, padres y otros referentes masculinos, a menudo prepotentes, fuertes y valientes, que se ajustaban a una consentida estructura de injusticia y discriminación hacia la mujer, no saben dónde colocarse. Ahora que las mujeres están descubriendo su poder, el que desde la infancia de la humanidad les fue negado, y cuestionan el poder masculino, aparece en ellos la inseguridad. Como las mujeres, se encuentran con una disyuntiva: si eligen el rol tradicional aceptan el machismo autoritario que no desean y que, ante la nueva mujer, les va a provocar muchas frustraciones; si renuncian al rol tradicional de hombre protector, el cabeza de familia, ¿por qué optan?

Aunque las separaciones y divorcios son las mismas para ellos que para ellas, las estadísticas muestran que los hombres tienden a formar nuevas parejas o familias en mayor medida que las mujeres, en un proceso permanente de parejas consecutivas. El matrimonio les conviene, no sólo porque se aprovechan del trabajo invisible de las mujeres en su propio beneficio, sino porque les proporciona un apoyo afectivo que no encuentran fuera de él. A pesar del éxito en el medio profesional y público y de su desarrollo intelectual, una mayoría no se maneja en su vida afectiva debido a su poca educación emocional, teniendo menos relaciones íntimas y confidenciales que las mujeres. Esto explica que sean ahora ellos los que se sienten más dependientes de la seguridad del matrimonio o de una relación emocional e íntima con sus parejas. Esta carencia de vínculos afectivos fuera de la pareja lleva a algunos a la desesperación ante la ruptura de la misma y a pretender mantenerla a toda costa, incluso por la fuerza, como sucede en muchos casos de violencia doméstica. Sin embargo, aunque una mayoría opte por la pareja (heterosexual) y la familia nuclear, tampoco muchos se sienten hoy satisfechos en ella. Por educación, muchos varones siguen creyendo de forma inconsciente en la necesidad de ser el eje de la familia, desde el punto de vista económico y de confianza en su superioridad y presuponen que la vida de las mujeres ha de adaptarse a la suya. Cuando se encuentran con mujeres que son iguales o les superan en capacidad de decisión, o en sueldo, y que no van a renunciar a sus vidas ajustándose a las de ellos, sienten inseguridad, miedo y frustración. Han perdido el envidiable puesto que han ocupado históricamente y se sienten de más en la familia.

Por otro lado, el privilegio masculino no deja de ser una trampa que muchos hombres perciben y todos padecen, la perciban o no. El ideal de masculinidad que se les impone socialmente desde la cultura patriarcal, ideal que entiende que ser hombre es ser valiente, fuerte y agresivo, poseer actitudes para el combate y la conquista, no expresar sentimientos ni intimidades y no mostrar el miedo, supone para ellos una fuerte castración del desarrollo de su personalidad pues les dirige a conductas patológicas, como la contención permanente de las emociones y el deber de afirmar en cualquier circunstancia la virilidad. Si el orden patriarcal y su forma de transmitir la idea de feminidad conduce a las mujeres a una dependencia de la mirada masculina, el ideal imposible de masculinidad hace depender a los varones de la valoración del grupo masculino, pues la virilidad tiene que ser revalidada por los otros hombres. "El hombre realmente hombre" se siente obligado a estar a la altura para el combate, el éxito, el poder, etc., a "ser el más" en presencia de otros hombres. "Hacerse el hombre" se convierte en el objetivo primordial para lograr el reconocimiento. Desarrollan así ciertas formas de valentía, como la fanfarronería, el desafío al peligro, la agresividad y rivalidad competitiva, el control y el maltrato de las mujeres y de otros hombres, etc., que, paradójicamente, no son más que resultado del miedo: miedo a no ser admirado, a no ser estimado por el grupo masculino y a ser relegado a la categoría de débil, pequeño, mujer, femenino. Es una especie de valentía patológica basada en la cobardía. "La virilidad es un concepto relacional, construido ante y para los restantes hombres y contra la feminidad", dirá Bourdieu en *La dominación masculina*.

Por otra parte, la tiranía del ideal de masculinidad tradicional les conduce a una búsqueda imperante del éxito socio-económico como una demostración constante de su virilidad entendida como nobleza, poder, gloria y distinción en el mundo público. Esto lleva a muchos hombres a centrarse en exclusiva en su actividad laboral y profesional convirtiéndolos en adictos al trabajo. Sus dificultades para las relaciones personales y sociales fuera del espacio laboral contribuyen también a este refugio en el trabajo. Si los roles tradicionales llevan a las mujeres a la interiorización del ideal de la maternidad, a los hombres los conducen al ideal de felicidad del triunfo económico y del prestigio social. Esta búsqueda imperiosa del éxito profesional y socioeconómico se acentúa en muchos hombres cuyas parejas son profesionales reconocidas (o reconocidos, en el caso de parejas homosexuales), entrando en una inconsciente competencia con el otro miembro de la pareja. Como no tienen la sobrecarga de la doble jornada socialmente impuesta y esta hiperdedicación al trabajo es reafirmada por las políticas de empresa, siguen alejados de la vida doméstica, sin llegar a conciliar la vida privada con la profesional. Así, una mayoría no sabe –o no puede– comprometerse con la pareja y los hijos, se desentienden de las relaciones afectivas y se aíslan en su mundo interior. Es lo que se ha denominado "autismo masculino", que se acrecienta con el uso y abuso de las nuevas tecnologías por parte de los varones en los hogares.

Sin embargo, este refugio en el silencio de muchos hombres, del que tanto se quejan las mujeres, es muestra también de una insatisfacción masculina de la vida en el núcleo familiar: sienten soledad, incomunicación, falta de autonomía, lo que en muchos casos, acaba en depresión. Si a esto añadimos que cada vez más mujeres deciden su maternidad en solitario y que los nacimientos dependen de su libre elección, de cuándo y con quién los tienen independientemente del matrimonio, se entiende que se empiece a hablar del hombre como el segundo sexo del mañana o del *nuevo sexo débil,* como expresa Enrique Gil Calvo en *El nuevo sexo débil.*

Varones que perciben los cambios de roles y la necesidad del cambio personal y del abandono de los roles tradicionales, que ya no son funcionales ni aceptables, se sienten a menudo culpables y avergonzados. Las generaciones anteriores fueron coherentes con su propio machismo, pues era reconocido y asumido. Pero muchos varones de las nuevas generaciones descubren con vergüenza que, aunque reconocen los derechos de las mujeres, en la práctica no los respetan en su propio beneficio. Quieren cambiar, pero no les interesa o no pueden. No quieren ser machistas, pero descubren que, lo quieran o no, lo siguen siendo.

Además, a pesar de que la idea de masculinidad se está transformando, existe una presión social contra el cambio de los varones que perpetúa la dominación masculina y hace que algunos sientan vergüenza de sus transformaciones personales. El calificativo de "calzonazos", con la connotación negativa de pusilánime, dominado, perdedor, que comporta para un ideal de masculinidad autónomo y dominante, muestra esta presión social contraria a la transformación. El estigma de afeminado y homosexual, la confusión que sigue existiendo entre estos dos conceptos, y el sentido negativo y desvalorizado que socialmente se sigue transmitiendo de ambos, también ejerce una presión fuerte en los varones que sienten la necesidad de un desarrollo personal más completo. Hemos visto la dependencia de los hombres de la valoración que haga de ellos el grupo masculino, debido a la carga de la idea de virilidad en que se socializan. Esto explica que sientan miedo al cambio por la posibilidad de no ser aceptados por sus iguales varones o de ser considerados menos masculinos, por lo que siguen manteniendo en complicidad con otros hombres una serie de comportamientos y actitudes de un solapado machismo.

El miedo a la pérdida de masculinidad y a su feminización lleva a muchos varones a desarrollar mecanismos de defensa de hipermasculinidad, en algunos casos totalmente patológicos y muy perjudiciales para ellos mismos y para la sociedad. Desarrollan actitudes como la violencia porque sí o una tendencia excesiva a transgredir los límites y realizar conductas heroicas, llegando a la temeridad y el descuido de la propia salud y la de los de su alrededor. Aquellos que han optado por el rol masculino tradicional se pasan también el tiempo demostrando su masculinidad y su poder porque ya no se les presupone. Como mecanismo de defensa proyectan la causa de su insatisfacción y de sus malestares en el entorno y en las mujeres. El protagonismo de las mujeres en todos los ámbitos y la imagen de autonomía que de ella se presenta en la actualidad lo entienden como una agresión hacia su posición, generándose en ellos una especie de manía persecutoria en relación a todo lo femenino, desarrollando todo tipo de mecanismos compensatorios y de defensa ante su inseguridad, incluidas actitudes machistas y misóginas anacrónicas y excesivas. El avasallamiento subjetivo y la humillación de las mujeres, tanto en el hogar, como en el trabajo, en la calle, es un comportamiento muy frecuente en este tipo de hombres. Los celos, la agresividad y el abuso de poder son también respuestas masculinas a sus frustraciones e inseguridad. Como afirma Luis Bonino, los "malestares" masculinos son "molestares" para las mujeres.

El aumento de la violencia de género hay que entenderlo como la reacción de algunos varones al empoderamiento de las mujeres:

ante la mayor capacidad de decisión que hoy tiene la mujer, este varón no sabe cómo manejarse ni, en muchos casos, desde el rol masculino tradicional es capaz de aceptarlo. Sus actitudes de hipermasculinidad machistas, que incluyen la agresividad hacia las mujeres, no son más que la expresión de su frustración, con independencia de que sea consciente o inconsciente.

Por otro lado, algunos varones, conscientes del peso de la educación y del cambio legítimo y justo hacia la igualdad, temen ser considerados machistas por las mujeres, temen ejercer el poder sobre ellas de forma inconsciente, y se pasan el tiempo inhibiéndose para no exhibir actitudes machistas interiorizadas desde la infancia. ¿Ser masculino es ser machista? ¿Dejar de ser machista es ser menos hombre? Esta contradicción en muchos varones entre el temor a ser menos hombre o a ser considerado machista, genera también en ellos divisiones entre lo que son y lo que deben ser para ser aceptados socialmente como hombres.

Como vemos, los nuevos roles de género de nuestra sociedad en transformación también traen consigo una crisis de la identidad masculina. Los cambios de los hombres no nos deslumbran en las estadísticas pues están teniendo lugar en el mundo privado. Aunque parezca que el varón sigue en su misma posición, ésta se va desplazando y tiene que readaptarse, lo cual también tiene costes personales para él. Sin embargo, a pesar del necesario reajuste, hay un menor cuestionamiento de los roles tradicionales por parte del colectivo de los varones. Cuestionar el tipo de masculinidad aceptada durante siglos no resulta fácil. Tampoco para las mujeres ha sido ni es fácil cuestionar el tipo de feminidad impuesta. Pero en el caso de los varones parece "normal" no hacerlo, pues el poder tiene sus privilegios. Muchos varones, ante la nueva posición de las mujeres y su desplazamiento en la estructura patriarcal de poder, se sienten atacados y se defienden como pueden *sin* cuestionar su posición de privilegio ni el machismo habitual de nuestra sociedad.

No obstante, últimamente la preocupación de algunos hombres por el sufrimiento y los comportamientos agresivos y autodestructivos a los que esta sociedad sexista les induce, ha llevado a la aparición de incipientes organizaciones en Canadá, Estados Unidos y diferentes países europeos para trabajar en esta transformación del rol masculino que ven como necesaria. Parece que las conquistas de las mujeres están llevando a los hombres del nuevo milenio a tomar conciencia de su propia opresión. Estamos ante un fenómeno novedoso: la toma de conciencia masculina del modo de producción y reproducción de la ideología patriarcal y androcéntrica como opresora y limitadora de su propio desarrollo personal. Esta toma de conciencia es todavía muy escasa en el colectivo de los varones y resulta muy avanzada y revolucionaria, pues implica un reconocimiento de sus privilegios y un adherirse a las demandas de las mujeres en su lucha contra el sexismo.

Hombres por la igualdad, Hombres contra el sexismo, Hombres contra la violencia doméstica son asociaciones masculinas que están surgiendo en diferentes provincias españolas, que rechazan y denuncian la violencia masculina contra las mujeres; siendo muy críticas con el modelo masculino en el que muchos hombres se han educado, centran su mirada en la importancia del cambio en la educación para la transformación social, por lo que exigen para ellos una educación no sexista. En la *Plataforma de Hombres contra la Violencia Doméstica de Madrid* se encuentra el siguiente objetivo:

> "Cuestionar y modificar el modelo machista tradicional que hemos recibido y que nos ha enseñado que ser hombre da algún tipo de derecho o autoridad especial sobre las mujeres, y que la única emoción que podemos manifestar sin avergonzarnos es la agresividad. El sexismo conduce a producir daño a las mujeres y además nos impide a los hombres ser emocionales, empáticos y cuidadosos, deshumanizándonos".

Este reconocimiento por parte de los varones de que la desigualdad resulta también negativa para ellos y de la necesidad de modificar el rol machista tradicional es un paso fundamental para la transformación social. La toma de conciencia de que el sexismo y el patriarcado también afectan negativamente a los varones es necesaria, no sólo para procurar y conseguir una mayor libertad en su desarrollo personal, sino para que la movilización contra la desigualdad no sea una cuestión sólo de mujeres. Sin embargo, como hemos visto, una vez reconocida la opresión de los modelos sexistas de educación, la transformación necesaria de los roles de género se hace difícil y produce en los hombres, como en las mujeres, una crisis de su identidad.

Las relaciones se complican

A veces, la desorientación e insatisfacción que sienten hombres y mujeres en la sociedad actual genera enfrentamientos entre el colectivo de las mujeres y el colectivo de los varones en bloque. Es lo que se ha denominado *"guerra de sexos"*. Las mujeres como colectivo a veces se instalan en la queja ante la injusticia sexista con un exceso de victimización y arremetiendo contra el colectivo de los hombres, a quienes consideran los malos de la película. Desde esta tendencia contra el varón se ha generado en algunas mujeres una especie de androfobia. Los hombres, por su parte, se consideran un colectivo de mártires del poderío de las mujeres acusándolas de prepotencia. En algunos casos responden con auténticas revanchas contra las conquistas de las mujeres o se victimizan también en lo que entienden como una conspiración femenina contra ellos. Ante la desorientación y crisis de identidad en este mundo en transformación, muchos hombres y mujeres se identifican con su género en contra del otro, lo que fomenta "la identificación con" en "oposición de", es decir, la guerra de sexos. Esto se expresa muy bien en todos esos chistes sexistas en los que se critica de manera jocosa los roles de género de mujeres y hombres.

A menudo, cuando se habla de la desigualdad de hombres y mujeres, existe la tendencia a formar dos bandos según género y a hacer todo tipo de generalizaciones del sexo contrario. Las mujeres suelen acusar a los hombres de machistas y éstos a las mujeres de feministas. La errónea identificación de los conceptos machismo=hombre y feminismo=mujer, así como la oposición machismo/feminismo, igualmente errónea, enturbia las relaciones entre los colectivos, provocando el enfrentamiento. Sin embargo, esto produce confusión y socava un problema social complejo. Entrar en este juego de culpabilizaciones simplifica el problema de la real desigualdad y no conduce a ninguna solución. Reducir el problema de la desigualdad entre hombres y mujeres al machismo de los varones, aunque éste exista y ayude a perpetuarla, es una ingenuidad. La desigualdad de género es un hecho real que hunde sus raíces en la historia y en las estructuras socioeconómicas y culturales de la sociedad patriarcal y capitalista. Va más allá de las manifestaciones machistas de algunos, si bien éstas son expresión de la real discriminación hacia la mujer.

El machismo es una actitud que no es identificable sin más con ser varón y el feminismo tampoco es identificable únicamente con las mujeres. Algunas mujeres también mantienen la desigualdad de género y son responsables de ella con sus actitudes machistas. Machismo y feminismo no son términos antagónicos, aunque con frecuencia se presenten así. Mientras el machismo es el prejuicio social que supone la sobrevaloración de las características tradicionalmente asociadas a los hombres y la infravaloración de las asociadas a las mujeres, lo que parece conferir unos privilegios a los primeros frente a las segundas, el feminismo es el conjunto de doctrinas y movimientos sociales cuyo objetivo ha sido y es conseguir la igualdad civil, económica y profesional entre hombres y mujeres que les permita su autorrealización personal con independencia de su sexo. Esta búsqueda de la igualdad es deseable por y para mujeres y hombres, por lo que afortunadamente cada vez hay más hombres (pocos todavía) que, en la medida en que conocen las reivindicaciones y logros del feminismo, se sienten también identificados con esta lucha.

Como ya he dicho, aunque muchos varones se están planteando
la necesidad de un cambio, todavía hay muchos que tienden de
forma inconsciente a no querer abandonar su posición de poder, lo
que no es de extrañar, pues pierden con ello. Esta actitud, ignorada
por la mayoría, a veces, consiste simplemente en negar que hoy exista la desigualdad entre hombres y mujeres ("es cosa de otros tiempos o de otras culturas"); otras veces, en justificarla. Las resistencias
masculinas al cambio ante el empoderamiento de las mujeres y la
presión social por perpetuar las posiciones tradicionales de subordinación, tienen como consecuencia que las relaciones entre hombres
y mujeres se hagan difíciles. Incluso entre las mujeres y los varones
que intentan abandonar los roles tradicionales, las relaciones de igual
a igual, es decir, no jerárquicas, resultan complejas, pues, como
vimos, desde la infancia hemos interiorizado la estructura de dominación. Por otro lado, varones y mujeres que no se adaptan a los
cambios y no se manejan en ellos, se sienten más seguros en la representación de los papeles estereotipados tradicionales y se refugian en
ellos. Ajustándose a los modelos de género tradicionales o alejándose de ellos con nuevas formas más flexibles de entender la feminidad y la masculinidad, surge una amplia diversidad de mujeres y
hombres entre los que se complica la convivencia.

La pervivencia de hombres y mujeres prototipo del ideal de
masculinidad y feminidad tradicional con personas que están rein-
ventando los roles y que buscan desarrollarse sin ajustarse a ningún modelo que les limite, complica las relaciones, no sólo intergénero sino también intra-género. Varones que acusan a otros de
calzonazos, maricones, afeminados por asumir papeles distintos a
los tradicionales, y otros que se sienten avergonzados y con temor
a perder su masculinidad por ello. Mujeres que, desde su independencia económica, acusan a otras de *marujas* por permanecer en el
rol de género tradicional, y otras que se sienten masculinas por
rechazar frontalmente aquel; mujeres que sienten vergüenza y
miedo a ser consideradas tales (o maruja o masculina). Es decir,
miedo de unas a no ser capaces de abandonar la posición tradicio-

nal de subordinación o de abandonarla a costa de su masculinización, y miedo de otros a reconocer que han perdido poder en su nueva posición o a abandonar viejos y caducos roles a costa de su feminización. Parece como si nadie se atreviera a ser realmente quien es por miedo a no ajustarse a lo que se espera que sea.

Las relaciones de igualdad entre mujeres y hombres suponen un importante cambio respecto a las consolidadas relaciones jerárquicas patriarcales, resultan novedosas y tenemos escasos modelos para ellas. No es de extrañar que nos resulten difíciles, nos produzcan miedo y a veces conflictos. Sin embargo, a pesar de estas complicaciones, la tendencia es que las nuevas relaciones de género sean cada vez más igualitarias y simétricas, no fundadas en el poder y la subordinación, sino en el respeto al otro como un igual, con el mismo derecho a desarrollarse en libertad.

Estas nuevas relaciones de género más igualitarias están transformando también la vida amorosa y redefiniendo la pareja heterosexual. El amor ha sido tradicionalmente uno de los pilares de la dominación masculina y uno de los mecanismos por los que las mujeres han consentido el patriarcado, pues en la estructura de dominación es fácil confundir amor con sumisión y disponibilidad. Además, la idea de amor del patriarcado en el que nos hemos educado ha sido, tanto para mujeres como para hombres, la de una relación de necesidad y no de igualdad. Nos han educado con cuentos que terminaban con el enamoramiento como un estado eterno de felicidad y con el amor de pareja como salvación: "se casaron y fueron felices". Princesas y damas que necesitan ser salvadas por príncipes y guerreros valientes que las protejan, y príncipes y guerreros que necesitan bellas princesas y damas a las que salvar y proteger. Esta idea interiorizada del amor choca con la realidad de las trayectorias personales de hombres y mujeres de hoy, que no se sienten ni príncipes salvadores ni princesas desvalidas, hombres y mujeres que quieren compartir, en situación de igualdad, sus vidas. Pero esta aparente contradicción también se produce en sentido cruzado, es decir, entre mujeres y hombres que creen la vida como un cuento de hadas y buscan el amor en hombres y mujeres "de cuento" pero que, en la realidad, no encuentran. Así, mujeres que buscan la superprotección y seguridad en un príncipe azul que no encuentran y hombres que buscan princesas atractivas, generosas y sumisas en las que el amor hacia ellos sea disponibilidad, que tampoco hallan en ningún lugar.

Los finales amorosos y felices de los cuentos no son más que el principio de una relación amorosa en la vida real: el inicio de la construcción en común de una convivencia basada en el respeto al otro como un igual, en el respeto a su libertad y autonomía. Esta construcción a la que llamamos amor, decía Eric Fromm en *El arte de amar*, "es una obra de arte realizada entre dos" –dos iguales– y no hemos de confundirla con la necesidad. Y esta construcción, esta obra de arte en común, es dinámica, cambiante, como lo somos nosotros y, en este sentido, es también finita o en eterna transformación. Esta obra de arte tejida entre dos sujetos iguales que es el amor resulta difícil porque las relaciones de igualdad lo son y no nos han educado para ellas. Las relaciones de dependencia y necesidad en las que se funda la asimetría de la pareja patriarcal no son un amor maduro. "Amar a otro porque se le necesita", decía Eric From, no es una forma madura de amar. Más bien el amor maduro consiste en lo contrario: "necesitar al otro porque se le ama". Por supuesto, este tipo de amor sólo es posible desde la autonomía de cada uno de los miembros de la relación y desde relaciones no jerárquicas. A esta forma de amar nos dirigimos si tenemos como horizonte la igualdad.

En 1929, Rilke, en *Cartas a un joven poeta*, escribía que la igualdad transformará la vida amorosa:

> "El desarrollo personal de la mujer cuando salga de las cadenas de su condición social transformará la vida amorosa... la convertirá en una relación valedera de persona a persona, no ya de hombre a mujer,... que se asemejará al amor que consiste en que dos soledades se protejan, se limiten y se reverencien, una a la otra".

Esto está ocurriendo en la sociedad en transformación en la que nos encontramos: a medida que caminamos hacia la igualdad está cambiando la conceptualización social del amor de pareja, alejándose de las ideas de necesidad y eternidad. Del mismo modo y a la par, pierde peso el prejuicio de que la relación amorosa es exclusivamente heterosexual.

En este proceso es inevitable que aumenten las rupturas de parejas insatisfechas en la tradicional familia nuclear. Dada la nueva posición de las mujeres, esperamos que aumentará el número de parejas simétricas basadas en la amistad, confianza mutua, comunidad de valores e intereses y en experiencias compartidas, parejas en las que el amor no se confundirá con la necesidad. Mientras tanto, el coste al que asistimos es la ruptura de parejas insatisfechas. Desde esta perspectiva, el aumento del divorcio y de las separaciones, por muy frustrante y doloroso que resulte, no debe verse como algo negativo. El antiguo precepto "hasta que la muerte os separe" indicaba que no había elección para la ruptura de matrimonios insatisfechos, especialmente para la mujer que no gozaba de independencia económica. Hoy, mujeres y hombres tienen la posibilidad de acabar con uniones desgraciadas debido, sobre todo, a la independencia económica y psicológica de la mujer.

Algunas de estas rupturas se están produciendo de forma agresiva y con finales trágicos. Como sabemos, muchas de las víctimas de la violencia doméstica hoy son mujeres en proceso de separación o divorcio. Parece que su mayor grado de independencia está generando un aumento de la violencia masculina en el interior de las parejas. "Hoy las mujeres no aguantáis nada" dicen las anteriores generaciones. Efectivamente, hoy las mujeres hemos decidido, porque hoy podemos, que no tenemos por qué "aguantar". El varón educado en el rol tradicional se da cuenta de que ya no tiene el poder sobre la mujer, que ésta puede dejarlo, y quiere retenerla, aunque sea por la fuerza. Como sigue considerándola una propiedad, o es suya o de nadie. Paradójicamente, según avanza el protagonismo de las mujeres en la vida socioeconómica, aumenta el número de ellas que son víctimas de la violencia de los hombres. Este fenómeno aparentemente contradictorio se explica por la transformación de los roles de género que presiona hacia relaciones más igualitarias. Sin embargo, estos roles se transforman a distinta velocidad, en un sistema social que aún ampara estas conductas de maltrato hacia las mujeres.

El principio de igualdad en el que se basan las sociedades modernas convierte las relaciones de género en más complicadas que nunca. Al prevalecer la cultura patriarcal, muchos hombres y mujeres educados en ella, aunque deseen relaciones simétricas tienen muchas dificultades para desarrollarlas. Aparece la desconfianza que presiona a mujeres y hombres por igual, instalándose algunas personas en una especie de espiral de inseguridad y miedo, en palabras de Eduardo Galeano en su ensayo *Patas arriba*, "miedo de la mujer a la violencia del hombre y miedo del hombre a la mujer sin miedo". El cambio hacia relaciones de género igualitarias es muy costoso. Está llevando a rupturas dolorosas y muchas frustraciones y conflictos que, a veces, pueden acabar en violencia física. Los asesinatos de mujeres indican que la llamada revolución silenciosa está dejando de serlo. Esta revolución dará lugar a otra etapa y otro orden en la medida en que la emancipación de la mujer se vea acompañada por la evolución de la figura masculina hacia un varón que no se sienta superior a la mujer, pero tampoco amenazado por ella.

6. Miedo a la igualdad e idealización de la mujer

Tener no es signo de malvado
y no tener tampoco es prueba de
que acompañe la virtud
pero el que nace bien parado
en procurarse lo que anhela
no tiene que invertir salud

SILVIO RODRÍGUEZ

La reivindicación de la igualdad propuesta por el movimiento feminista desde sus comienzos no era más que la lucha por conseguir para las mujeres unos derechos que les eran negados, concretamente, el de poder entrar en el mundo público, en el mundo de los hombres, para poder ser, como ellos, individuos, sujetos libres, sujetos de derechos. Sin embargo, conseguir las prerrogativas masculinas suponía dejar vigentes los valores patriarcales y desvalorizar todas las funciones y cualidades atribuidas históricamente a las mujeres. Puesto que la cultura dominante es masculina y androcéntrica, la entrada de las mujeres en el mundo público ha aumentado la devaluación de las cualidades, actitudes y prácticas femeninas produciéndose una tendencia a su masculinización, lo que supone una negación de sí mismas.

En los primeros tiempos del feminismo, la igualdad se entendía con rigidez, convirtiéndose la diferencia sexual en tema tabú. Las conquistas de la igualdad a veces se han entendido, y se entienden todavía en las nuevas generaciones, como "ser igual que el varón" sin cuestionar en nada su comportamiento. Así, por ejemplo, en relación a la sexualidad o a la violencia, a veces se produce en algunas mujeres un mimetismo de conductas del rol masculino tradicional. En los mundos laboral, científico, político, en los que las mujeres se insertan con dificultad, los valores, actitudes y comportamientos imperantes son los tradicionalmente masculinos (competitividad, ambición, riesgo, agresividad, valentía, autoafirmación, racionalidad, independencia, etc.) por lo que han de asumirlos si quieren integrarse en ellos con éxito. El miedo a que la igualdad traiga consigo una asimilación de lo masculino por parte de la mujer, es decir, una *masculinización* de su comportamiento sin un cuestionamiento del mismo y con un abandono y devaluación de las cualidades femeninas, ha llevado a un giro durante las dos últimas décadas en las reflexiones del feminismo, que ha dado lugar a la idea de *diferencia*. Voces de mujeres apuntan a esta masculinización no deseada y expresan que "no queremos ser como ellos", "somos diferentes". Así, en las últimas décadas, el movimiento feminista ha puesto su atención en la especificidad de las mujeres, enfatizando el valor de las mismas, si bien, previamente, había puesto su mirada en su opresión.

Tras el llamado feminismo "radical" de la década 1960-1970, el movimiento feminista abandona el enfoque político y deja de centrarse en el análisis de los mecanismos de opresion del patriarcado, para poner su atención en las mujeres, en su forma particular de enfrentarse al mundo con una perspectiva psicológica compartida, es decir, con una *perspectiva femenina*. Es el llamado *feminismo cultural*, surgido en Estados Unidos a finales de los 70 y que considera que existe una cultura y una *identidad femenina*, la cual intenta describir mediante análisis psicológicos sobre el desarrollo personal de las mujeres y los vínculos sociales y culturales que marcan su forma de relacionarse. Se iniciaba así un nuevo enfoque en el feminismo, con una perspectiva en cierto modo más positiva, pues pone su mirada no tanto en la necesaria denuncia de la subordinación masculina, como en la valoración de la identidad femenina. Una valoración que es una re-valoración de las mujeres, distinta a la que se centraba en criterios masculinos.

Son significativas las obras de Nancy Chodorow y de Carol Gilligan en la configuración de esta idea de *identidad o cultura femenina*. En su obra *El ejercicio de la maternidad*, Nancy Chodorow concluye que la construcción de la psique femenina dispone a las mujeres para la maternidad y las lleva a un tipo de relaciones que se guían por el vínculo, el afecto y la empatía, que se oponen al modo de relación masculino distante, agresivo y más egoísta. Carol Gilligan escribe *Psicología del desarrollo femenino* en donde analiza la distinta aproximacióen de las mujeres y los varones a la moral a través de su desarrollo psicológico. Mientras las mujeres desarrollan una moral concreta y emocional, predispuesta a la ayuda y a la responsabilidad en sus relaciones personales, los varones desarrollan una moral abstracta y racional, basada en la idea de imparcialidad, sin atender a los lazos afectivos. Llamó *ética del cuidado* a la que caracteriza el comportamiento moral de las mujeres y *ética de la justicia* a la propia de los varones.

Estos análisis han generado un amplio debate y han dado paso al conocido *feminismo de la diferencia sexual*. Entendido el género como identidad o cultura, se empieza a reivindicar el valor de la diferencia, el valor de ser mujer, de lo femenino. En este contexto, que enfatiza la *diferencia*, se generan discusiones en torno a la ética del cuidado y el pensamiento maternal: el razonamiento moral de la ética del cuidado y el de la ética de la justicia ¿son excluyentes o complementarios?; ¿son exclusivos de cada sexo?; ¿se pueden dar sin atender a éstos?; ¿se deben a la educación o a disposiciones naturales?; ¿cómo repercuten estos tipos de ética en el desarrollo personal de hombres y mujeres o en el desenvolvimiento de las sociedades?

Las maravillas de ser mujer

En la actualidad, la mujer con deseos de autorrealización, pero con sobrecargas e impedimentos socioeconómicos para ello, se siente insatisfecha. A ello se une la tendencia a la uniformidad de comportamientos con respecto al varón y que sufre con su entrada en la vida pública. Las mujeres, según se van incorporando a ésta, van adoptando los comportamientos, valores y actitudes masculinas. Sin embargo, aunque las tradicionales y supuestas características femeninas sean poco operativas en el mundo público (ternura, afectividad, cuidado, intuición, etc.), las mujeres no desean desprenderse de ellas, lo que las conduce a sentirse divididas, a vivir en una escisión esquizofrénica. ¿Cómo entrar en el espacio público sin perder feminidad? ¿Cómo ser mujer sin caer en la dependencia que supone la reclusión en el mundo doméstico? La insatisfacción y frustración de las mujeres, su baja autoestima, es un hecho a pesar de su emancipación. La revalorización de lo femenino resulta necesaria para la autoestima de las mujeres.

En este contexto de reflexión surge una perspectiva nueva, dentro del feminismo francés y después en el italiano, a partir de la experiencia de grupos de mujeres de autoconciencia que exaltan "las maravillas de ser mujer" y la idea de solidaridad entre ellas. En Francia, en los últimos años de los setenta, de la mano de Annie Leclerc surgen teorías que hacen un canto a la belleza de lo femenino y a la alegría y goce de ser mujer, exaltando las cualidades relacionadas con sus funciones naturales, con ser madre y con la capacidad de amor y entrega. Es el llamado *feminismo de la diferencia sexual,* en el que destacan las obras de Christine Delphy, Julia Kristeva o Luce Irigaray. Todas ellas, sin pretender volver al modelo clásico de la mujer sumisa y dependiente, demandan un reconocimiento de la mujer como tal, que transforman en su glorificación. Este pensamiento parte del supuesto de que mujeres y hombres somos naturalmente diferentes y pretende revalorizar los rasgos diferenciales de las mujeres. Lo que de forma natural nos hace diferentes es ser madres o la posibilidad de serlo. Este ser madres constituye uno de nuestros valores naturales, el fundamental. Esta condición natural nos ha hecho desarrollar de forma "natural" aspectos como la protección, el apego, la proximidad, el cuidado, la intuición, etc., que se transmiten culturalmente de madres a hijas y que hay que volver a estimar y a reivindicar, pues son valores preciosos. En Italia, autoras como Carla Lonzi y Luisa Muraro cuestionan la idea de igualdad reivindicada por el movimiento feminista desde sus comienzos y proponen en contraposición una filosofía de la diferencia que se centra en el valor de la figura de la madre.

Esta corriente de pensamiento reconoce en el feminismo tradicional una profunda crítica del patriarcado y de las complicidades filosóficas, religiosas, literarias, científicas, etc. que han sostenido su sistema de dominio. Sin embargo, consideran que el feminismo, con su pretensión de igualar lo que es naturalmente diferente, no ha logrado un incremento de la autoestima y valoración de las mujeres, sino más bien lo contrario, ha conducido a muchas mujeres a la frustración y a la aceptación e integración de los valores tradicionalmente masculinos. Lo que pone en duda la posibilidad misma de la libertad femenina es su no reconocimiento de las potencialidades que tiene desde su ser mujer y de los valores que ello comporta, no sólo para ella, sino para una sociedad mejor. Se resucita así el ideal de la madre, pero de la madre diosa unida a la naturaleza, a la vida, a la fertilidad, al crecimiento, etc.

Algunas de las variantes de esta corriente de pensamiento se han ido vinculando a tendencias naturalistas y espiritualistas o místicas. Las mujeres no pueden alcanzar su libertad sin construirse sobre los fundamentos de su propia naturaleza. Las mujeres deben reencontrar una vida acorde con su naturaleza y la constante natural femenina tiene que ver con el deseo materno. Algunas de estas teorías entienden esta conexión de la mujer con su naturaleza como recuperación de algo perdido por la cultura, como una vuelta a la conexión con la tierra y la vida. La naturalización del ser mujer lleva a la búsqueda de las características esenciales de las mujeres inscritas en su cuerpo y su función reproductora. Lo femenino se convierte así en venerable, la mujer, su cuerpo, la fertilidad, la maternidad, gestándose una adoración y culto hacia todo ello que lo sacraliza.

Este nuevo feminismo ha dado lugar a una diversidad de enfoques que van desde interesantes profundizaciones sobre la crisis de la identidad femenina, hasta planteamientos muy simplistas y acríticos. Algunas de las manifestaciones de estos planteamientos se han puesto muy de moda en la última década entre los movimientos alternativos y han producido mucha literatura que ha seducido a muchas mujeres y también a muchos varones de la llamada contracultura. Títulos como *El orden simbólico de la madre, El primer sexo, Mujeres que corren con lobos, Mensaje urgente a las muejeres, ¿Existe la mujer?* y múltiple bibliografía de autoterapia para mujeres se basan en esta idea de recuperar nuestra condición natural perdida y profunda, en rescatar la idealizada herencia femenina en la genealogía de mujeres.

Sin embargo, toda esta variada literatura ha generado confusión y ha extendido una infundada sospecha sobre la pretensión de igualdad, creando la polémica diferencia-igualdad entre los colectivos de mujeres. Algunos de estos enfoques, al hacer hincapié en las diferencias de hombres y mujeres, polarizando patrones entre ambos, consideran todo lo femenino como positivo y natural, frente a lo masculino, que es negativo. Desde esta perspectiva bipolar se valora la emoción sobre la racionalidad, la subjetividad sobre la objetividad, el cuidado de otros sobre la afirmación de sí y, por supuesto, todos los atributos femeninos se anteponen al atributo masculino por excelencia, que es el poder. El poder es corrupto y corrompe, por lo que las mujeres no han de verse envueltas en él. Aparece así una sospecha hacia todas aquellas mujeres que lucharon por la igualdad y acceden, como los varones, a puestos de poder.

Con esta renuncia al poder, a las posiciones de poder en el mundo público, resulta difícil imaginar un cambio real en la sociedad. Sin embargo, estas tendencias que revalorizan lo femenino y a la mujer que, como digo, son muy diversas y heterogéneas, tienen distintas perspectivas en cuanto a la necesidad de la transformación social. Mientras algunas teorías se conforman con la exaltación de la mujer y lo femenino en un sentido místico-espiritual, con cierta pasividad hacia la transformación de la sociedad, otras consideran que el principal motivo para la dominación sexual ha sido la desvalorización del principio femenino, por lo que hay que recuperarlo, transformando, para ello, la sociedad. El cambio social vendrá dado por la transformación de la conciencia de las mujeres, a partir de la afirmación de su valor y de sus grandes cualidades primigenias. Ellas, con su intervención en la vida pública desde esta valoración de sí mismas como mujeres, transformarán la sociedad.

A pesar de los diversos enfoques que conducen a la confusión conceptual, todas las corrientes de la diferencia han surgido como reacción lógica ante el temor de la pérdida de identidad de las mujeres y su homogeneización con la identidad masculina, así como a su insatisfacción y baja autoestima. El pensamiento de la diferencia surge como lógica búsqueda de la identidad femenina y representa otro paso adelante en el camino de autoconciencia de las mujeres.

El confuso debate diferencia-igualdad

Ante la crisis de identidad que, tanto mujeres como hombres, padecemos en este momento de cambio y desorientación en el que se están transformando los roles de género tradicionales, es comprensible que surjan movimientos de búsqueda de la identidad perdida, tanto de mujeres como de hombres. Es el temor a que la igualdad pueda entenderse como asimilación. En este contexto han surgido talleres, no sólo de *feminidad*, sino también de *masculinidad* o grupos de autoconciencia de mujeres y de varones que pretenden una revalorización de sí mismos. Estos grupos parten de que la sociedad de la igualdad ha hecho que perdamos nuestros atributos naturales y/o esenciales, tanto femeninos como masculinos, por lo que nos encontramos disminuidos y desenergetizados. Sin identificar feminidad con sumisión ni masculinidad con machismo, estos grupos de autoconciencia pretenden recuperar lo femenino y lo masculino profundo.

El desprestigio del llamado feminismo radical, unido a estos nuevos movimientos de búsqueda de la identidad femenina y masculina, enmarcados en la enfatización de la diferencia, está conduciendo equívocamente al rechazo del concepto de igualdad. A menudo, el pensamiento de la diferencia se ha planteado los conceptos de igualdad-diferencia como excluyentes, causando escisiones y conflictos en los propios movimientos de mujeres. Esta forma de reivindicar la diferencia está provocando que el término *igualdad* se vaya transformando en una palabra con mala prensa en algunos círculos. ¿Cómo luchar ahora por la igualdad de derechos? Si los sexos somos diferentes de forma natural y cultural, y hay que celebrar y recuperar esa diferencia, entonces no somos iguales y es un equívoco pretender serlo; pero, sin pretender la igualdad, ¿cómo acabar con la discriminación hacia las mujeres y con la injusticia del sexismo? Los debates se centran en este movimiento pendular, de la diferencia a la igualdad y de la igualdad a la diferencia, como conceptos excluyentes y antagónicos.

Como en todo movimiento pendular, los extremos acaban apareciendo cargados de exclusividad y, más que resolver, siembran confusión y desconcierto. El problema radica en que se malentiende la oposición diferencia-igualdad. Cuando se habla de diferencia no se atribuye este concepto a lo mismo que cuando se habla de igualdad. Al hablar de diferencias entre hombres y mujeres nos estamos refiriendo a características diferenciales entre ambos: las características fisiológicas y biológicas (naturales) y las características psicosociales (culturales). Esto no es nada nuevo, es una obviedad. Que somos diferentes ya lo sabemos: sólo hay que ver nues-

tros cuerpos desnudos o saber un mínimo de biología para entender que genética y hormonalmente, e incluso al parecer en nuestros cerebros, existen diferencias. Por otra parte, la cultura ha cargado de significación estas diferencias naturales conformando
diferencias psicosociales, también evidentes. Afirmar lo contrario
sería afirmar la identidad y uniformidad entre hombres y mujeres.
Sin embargo, cuando se habla de igualdad de género se hace referencia a la igualdad de derechos y libertades entre mujeres y hombres como seres humanos que ambos son. Y lo contrario de esta
igualdad no sería la diferencia, sino la desigualdad, desigualdad de
oportunidades para sus desarrollos personales. Diferentes características sí, pero iguales derechos. Diferentes en cuanto mujeres y
hombres, pero iguales en cuanto personas dignas de respeto.

Los seres humanos somos iguales y diferentes. Somos iguales
por ser todos humanos y por la libertad y autonomía que caracteriza a nuestra humanidad, pero también somos diferentes, pues nuestra singularidad nos hace ser únicos. Igualdad no significa identidad.
El rechazo que algunas reivindicaciones de la diferencia hacen al
concepto de igualdad se produce al confundir igualdad con identidad, homogeneidad o uniformidad. Que todos seamos iguales en
derechos y en cuanto personas, no significa que seamos idénticos,
pero tampoco que no haya colectivos con características comunes.
El colectivo de las mujeres puede tener rasgos comunes que las
diferencien del colectivo de los hombres, pero eso no significa que
entre ellos, en sus relaciones, tenga que existir desigualdad. Reivindicar la igualdad de género y luchar contra la desigualdad existente
no es negar las diferencias o intentar homogeneizarlas, sino afirmar
nuestra igualdad en cuanto personas. La búsqueda de nuestras raíces en la identidad de género parece a veces olvidar unas raíces más
profundas, las de nuestra humanidad. Mujeres y hombres compar-
timos una misma condición humana.

La búsqueda de la igualdad iniciada en la Ilustración ha sido
concebida como la igualdad de derechos y posibilidades reales
"entre" todas las personas, independientemente de su sexo, para

poder llegar a realizar sus proyectos de felicidad. La igualdad hace referencia a un tipo de relación no jerarquizada entre individuos, que permita a cada uno su propia realización personal por tener las mismas posibilidades de autonomía. Que las mujeres no quieran parecerse a los hombres y celebren sus diferencias con respecto al otro sexo es una cosa, pero negar la igualdad de derechos necesaria para poder conseguir un desarrollo personal y libre es otra muy distinta. Como ha señalado la filósofa Amelia Valcárcel en *El concepto de igualdad*, "el peligro de la reivindicación de la diferencia es el olvido de la igualdad necesaria para conseguirla". No se trata de ser igual que ellos pero sí de ser *igualmente* tratadas y valoradas siendo como somos.

Parece que algunas reivindicaciones de la diferencia olvidan que la igualdad real no existe aún. Nadie puede ser si no tiene posibilidad real para ser. Para ser libremente lo que realmente queramos ser, hemos de tener la capacidad fáctica, la posibilidad real de ser libres y, por tanto, hay que insistir en la igualdad que nos garantice esta posibilidad. A pesar de haber conseguido la igualdad jurídica, la libertad de las mujeres merma y disminuye su posibilidad si se mantiene la discriminación socioeconómica y cultural que padece a diario. De ahí la necesidad de una intervención política para la igualdad, que garantice a los individuos la planificación y realización de sus proyectos de vida individuales, con independencia de su sexo.

El absurdo de absolutizar la evidente diferencia

Algunas voces que reivindican la diferencia y las maravillas de ser mujer explican las diferencias de género, desde esencialismos naturales (nuestra diferencia es nuestra diferente esencia natural, biológica, energética, vital) hasta esencialismos culturales (la diferencia es por nuestra cultura ancestral distinta, como diferentes formas de adaptación al medio), lo que lleva a una búsqueda de lo femenino original. Aunque las formulaciones de la reivindicación de la diferencia son muy variadas, en muchas de estas posiciones que reivindican la valoración de lo específicamente femenino se observa un excesivo biologicismo que se centra en el cuerpo de la mujer y afirma en ella un instinto materno universal que conduce a una idealización de todo lo femenino.

Que desde nuestra naturaleza de hembras o de machos hayamos desarrollado ciertas actitudes o predisposiciones a lo largo de la historia de la humanidad es algo que nadie discute. Sin embargo, esto es distinto que afirmar que existe una esencia femenina o una esencia masculina (natural o cultural) que determine nuestras diferencias. Los valores, actitudes y habilidades atribuidos históricamente, tanto a las mujeres como a los varones, aunque sea sobre un sustrato natural o biológico diferenciado, han sido construidos social y culturalmente de forma interesada por el patriarcado. Somos un animal cultural, es decir, en nuestra construcción como seres humanos se entreteje nuestra naturaleza, nuestra herencia biológica, con la herencia cultural de todo un grupo. Pero, una naturaleza en el sentido de esencia femenina no existe, como tampoco existe la esencia de varón. Que las mujeres tengamos aprendizajes comunes por una transmisión genealógica de madres a hijas o rasgos naturales comunes y, en este sentido, unas raíces comunes, una identidad, no significa que seamos idénticas. Como ha afirmado reiteradamente Celia Amorós, el género es una categoría de pertenencia, no una esencia que nos determine o a la que tengamos que ajustarnos.

Cabría preguntarse, ¿qué sucede con las mujeres que no son y que no quieren ser madres o con aquellas otras que no han desarrollado el amor maternal o los atributos y virtudes "esencialmente" femeninas? ¿De nuevo, las culpabilizaciones? ¿Tal vez son "malas" porque se han desnaturalizado o van contra su naturaleza? Este parece ser el discurso de algunos hombres y mujeres de hoy, especialmente sobre la idea de mala madre con la que se culpabiliza a muchas mujeres. O cabría preguntarse también, ¿qué sucede con los varones que no se identifican con la esencia o naturaleza masculina? ¿Acaso no se les niega por su naturaleza o esencia la paternidad, la sensibilización por lo humano, propia, supuestamente, de la mujer? ¿No puede esto estar contribuyendo a la culpabilización de aquellos que no quieren ser masculinos en el sentido tradicional? Esto puede suponer condenarlos a la no posibilidad de cambio y también a no responsabilizarse del mismo.

El ser humano se caracteriza por su libertad, por su capacidad de construirse a sí mismo. De este modo, ni hombres ni mujeres son nada en particular; son pura posibilidad como expresa el existencialismo. No existen esencias que nos determinen, ni a unos ni a otras. No existe la naturaleza de la mujer, como tampoco existe la naturaleza del hombre, naturaleza en el sentido de esencia, lo cual no significa que tanto en unas como en otros no exista una parte natural, una energía vital femenina y masculina, desde la que nos desarrollamos. La posibilidad de construirnos a lo largo de nuestras vidas es lo que ha llevado a afirmar que el ser humano no tiene naturaleza sino historia y es lo que da sentido a la frase sartriana de que en el ser humano "la existencia precede a su esencia".

Las esencias naturales de mujer y de hombre se han utilizado tradicionalmente para crear rivalidad o complementariedad, pero, sobre todo, para justificar las distintas posiciones de poder entre ambos: la considerada inferioridad de la mujer era justificada por su naturaleza. ¿No resulta peligroso volver a los esencialismos naturales? No existe "la mujer"; éste es un concepto abstracto; existen mujeres plurales, diversas, singulares, que se construyen a sí mismas, como los hombres, desde un sustrato natural y cultural. Desde este sustrato estamos en continua gestación y nos desarrollamos, por lo que no tenemos naturaleza en el sentido de esencia, sino historia, tanto personal como colectiva. Volver a la esencia o naturaleza femenina, como si entre las mujeres de carne y hueso existiera una esencia común que las configurara de forma natural como seres con las mismas predisposiciones, preocupaciones e intereses, dirá Celia Amorós, tiene el peligro de considerar a las mujeres como idénticas. Que las mujeres tengamos un pasado común, una historia compartida, no significa que seamos idénticas ni que tengamos los mismos intereses y preocupaciones.

El feminismo de la diferencia tiene el valor de recuperar la autoestima femenina, la seguridad y autoconfianza de muchas mujeres, al centrar su mirada en la revalorización de lo femenino. Además, en cuanto que algunas de estas tendencias pretenden hacer presentes en la vida pública las cualidades atribuidas a las mujeres y no relegarlas al mundo privado, es decir, al silencio y a la impotencia, han contribuido a que muchas mujeres tomen conciencia de su tendencia a la masculinización en la sociedad occidental y a que incrementen la confianza en sí mismas, en sus capacidades y actitudes. Esto supone librar a las mujeres de su posición de víctimas y de queja constante para elevarlas a una categoría superior que les permita una transformación activa de la sociedad desde ellas mismas. Sin embargo, el énfasis en la diferencia o especificidad de la mujer no ha de confundirnos con su idealización como una valoración dogmática de las actitudes y atributos femeninos y una defensa acrítica del ser mujer. Absolutizando la diferencia caemos en esencialismos y determinismos del pasado y en una sospechosa *mística de la feminidad* que idealiza a la mujer pero no la libera de su subordinación.

Sospechosa mística de la feminidad

La representación de la mujer como idealizada o amenazante, como adorable o temible, como diosa o bruja, como hada o arpía, es un vaivén histórico que no ha logrado acabar con su dependencia y subordinación. Como dice Amelia Valcárcel, "a las mujeres siempre se las coloca por debajo o por encima de los estándares y nunca dentro de ellos". En momentos de desorientación en los que vivimos, es fácil que, sobre todo las mujeres pero también los hombres, nos sumemos al carro de la idealización de la mujer. Sin embargo, la idealización y elogio de la mujer y de lo femenino ya ha existido en otras épocas históricas como un subterfugio de los varones para seguir con su dominación. Es el conocido *discurso de la excelencia* que ha consistido en una hipervaloración de la mujer, de su belleza o de sus virtudes naturales, para su glorificación a través de la poesía, la música y otras expresiones artísticas, sin que esto significara ninguna posición de privilegio para las mujeres reales en la estructura social. Curiosamente, mientras se ha despreciado y maltratado a las mujeres de carne y hueso, a las mujeres concretas, se ha sobrevalorado a "la mujer", lo simbólico. El discurso de la excelencia o elogio de lo femenino se ha impuesto históricamente a las mujeres como ideología para su dominación, conviviendo la idealización de la mujer con una feroz misoginia social.

Por una nueva mística de la feminidad y sacralización de lo femenino abogan, como hemos visto, algunos de los planteamientos del pensamiento de la diferencia, cuando la presentan como opuesta a igualdad. Éstos son los que más éxito tienen y más se están extendiendo en la actualidad en el colectivo de las mujeres. La posición de *segundo sexo* discriminado situaba a las mujeres en el victimismo y la queja permanente, pero la tendencia de algunas interpretaciones de la diferencia a considerar a la mujer el *primer sexo,* como la denomina Helen Fisher en su libro así titulado, lleva a su idealización y sitúa a las mujeres por encima de los varones, lo que degenera en ocasiones en una especie de "hembrismo": "somos mejores, somos divinas". Esta idealización de la mujer está abonando un antifeminismo en las propias mujeres.

El primer sexo, de Helen Fisher, una de las obras menos críticas con el sistema patriarcal, se ha convertido en best seller en Estados Unidos, justo cuando se extiende un discurso antifeminista interesado que, como veremos, asocia feminismo a falta de feminidad. Utilizando el título contrario al de la obra de Simone de Beauvoir (*El segundo sexo*), la autora pretende hacer conscientes a muchas mujeres de sus virtudes esenciales que, cuando no pertenecen a su estructura cerebral o a sus estrógenos, se deben a que la naturaleza sabiamente nos ha seleccionado para ellas. Desde un optimismo ingenuo concluye que la mujer no es el segundo sexo sino el primero. Siento defraudar a las seguidoras de este tipo de tendencias, pero la diferencia sexual, natural o no, no nos hace mejores ni peores, porque la diferencia es tan sólo eso, diferencia.

Si bien la reivindicación de la diferencia contribuye a la valoración de lo femenino, e impulsa a una nueva forma de entender la feminidad, hay que tener cuidado con convertirla en una sacralización de la mujer. Efectivamente, la destrucción del planeta, la guerra y la violencia, la desigualdad son productos de una sociedad que gira en torno a valores masculinos, que son los que rigen la economía, por lo que una revalorización de lo femenino se hace necesaria, no sólo para incrementar la autoestima de las mujeres, sino como compromiso ético hacia una sociedad mejor, más humana. Revalorizar lo femenino en el mundo es conseguir que las cualidades femeninas sean consideradas en todos los ámbitos de la cultura y en todas las personas, mujeres y hombres. No es convertir a la mujer en diosa digna de adoración, con una esencia divina que no tiene el hombre y que le permite un conocimiento superior. Apelar a la diosa que llevamos dentro está bien como recurso simbólico de nuestro valor, como metáfora, pero es sólo eso. El hecho es que no somos diosas, somos humanas. Tan humanas, que deseamos ser tratadas como tales, con dignidad y respeto, pero no por ser divinas, sino por ser personas. Ese algo divino que habita en nosotras no es exclusivo de las mujeres sino un rasgo que caracteriza a todo humano y que le permite trascenderse a sí mismo. Como dice Marina Subirats en su libro *Con diferencia*:

> "La desaparición de la desigualdad llegará a producirse cuando los rasgos atribuidos al género femenino se valoren socialmente en la misma medida que los atribuidos al género masculino, de tal forma que sean universalizables como éstos, es decir, que también los hombres tengan total acceso a las actitudes y valores que antes fueron considerados como exclusivamente propios de mujeres".

No es de extrañar que esta literatura que exalta la diferencia mediante una idealización y misticismo sobre el ser mujer tenga mucha repercusión y aceptación entre el público femenino, pues contribuye a que muchas mujeres adquieran confianza en sí mismas y seguridad. Sin embargo, resulta curioso y sospechoso, que esta sacralización de la diferencia sea cada vez más aceptada y tolerada (más que el llamado feminismo de la igualdad) por los varones, cuando se les está diciendo que la naturaleza ha hecho peor al varón que a la mujer. Esta ideología es más aceptable porque resulta menos peligrosa; en muchos casos no reivindica nada y acepta todo. Una excesiva valoración de la mujer y de lo femenino sin más y de forma dogmática tiene el riesgo de aceptar que todo siga igual, que nada cambie, pero que las mujeres a pesar de ello se sientan mejor. Abre un camino de cambio a las mujeres actuales hacia una recuperación de su propia valoración y autoestima, lo cual es muy importante, pero proporciona argumentos para la justificación del patriarcado y para que la sociedad sexista permanezca. En cuanto que no cuestiona la estructura jerárquica de la sociedad, encuentra perfectos aliados en los varones. La consideración de atributos naturales femeninos y masculinos puede justificar que los varones permanezcan cómodamente en su posición de poder, invitándolos a justificar sus propias actitudes de dominación como naturales y a no responsabilizarlos de la necesidad de un cambio personal para la consecución de la igualdad.

Si la reivindicación de la diferencia se reduce a una exaltación de las mujeres en cuanto tales, a una idealización del ser mujer, a una mística de la feminidad, puede significar una vuelta al pasado, a la desigualdad y marginación de un colectivo, pero esta vez de forma consentida y alabada, sin que esto suponga una mejor posición para ellas. La exaltación de las virtudes naturales de la mujer no ayuda a desprenderse de su situación de subordinación, más bien lo contrario, ayuda a perpetuarla. La construcción ideológica de la mística de la feminidad ya ha existido en épocas recientes y ha sido utilizada para hacer volver a las mujeres a sus hogares, como sucedió después de la II Guerra Mundial y analizó Betty Friedan en *La mística de la feminidad*. ¿Vamos a contribuir con argumentos esencialistas a sostener el patriarcado?

Desde la igualdad a la diferencia: todos y todas somos sujetos diferentes y únicos

La cuestión de la *diferencia* en el centro del debate del feminismo contemporáneo ha generado una polémica entre el enfoque clásico, ahora llamado "feminismo de la igualdad", frente a las nuevas y diversas perspectivas englobadas en la denominación de "feminismo de la diferencia". Sin embargo, aunque a veces esto ha llevado a enfrentamientos inútiles, este debate ha traído consigo nuevas aportaciones sobre la diferencia, así como otras que clarifican, desde el punto de vista ético, el concepto de igualdad.

La reivindicación de la diferencia no sólo se inscribe en el movimiento de mujeres, sino que es una de las aportaciones de final de siglo de los movimientos sociales que luchan por el reconocimiento de grupos minoritarios o discriminados por los rasgos diferenciales de sus miembros, como el color de la piel, la etnicidad, o la orientación afectivosexual. Estos movimientos sociales, que han luchado tradicionalmente por la igualdad de derechos para paliar su propia discriminación, dan un paso más al entender que su necesaria integración en la sociedad no significa aceptar y asimilar los valores y formas de vida dominantes, ni olvidar su propia identidad. La igualdad es necesaria en cuanto a derechos y oportunidades para estos colectivos, pero también el respeto a la diferencia, a sus características y valores diferenciales, para no ser asimilados por la cultura dominante. No es casual que, históricamente, la reivindicación de la diferencia haya aparecido más tarde que la de la igualdad, pues es necesario haber alcanzado cierto grado de igualdad para poder plantearse que ser socialmente iguales no ha de significar asimilarse al grupo dominante. En este sentido, en el movimiento feminista la reivindicación de la diferencia significa el respeto a la perspectiva femenina en la cultura androcéntrica dominante, para que la igualdad no se convierta en homogeneización o uniformidad.

En este contexto, dentro del propio movimiento feminista, la categoría de diferencia se ha aplicado no sólo de modo intergénero, sino que también ha hecho referencia a la que existe intragénero. Para muchas mujeres de grupos específicos y con características propias, el feminismo tradicional, al hablar de *la mujer*, se refiere a un colectivo particular de mujeres (clase media, blancas y heterosexuales) que es excluyente con respecto a otras mujeres. Así, surgen colectivos de mujeres cuyas reivindicaciones responden a problemáticas concretas (feminismo negro, feminismo lésbico). Estas facciones han mostrado que las mujeres no son un grupo homogéneo y ponen la atención en la diversidad existente, marcada por contextos socioculturales específicos que plantean problemáticas diferentes.

La idea de diferencia es también actualmente destacada en un sentido atomista: todas las personas somos seres particulares y singulares y, en este sentido, diferentes. En el colectivo de mujeres, como en el de varones, más que homogeneidad existe heterogeneidad. Esta perspectiva de la diferencia entronca con las reivindicaciones del feminismo clásico, ahora denominado "de la igualdad": la igualdad es una condición necesaria para que se pueda manifestar la diferencia mediante el desarrollo autónomo individual. Esta forma de entender la diferencia, en sentido atomista, no se opone a igualdad, sino que se hace posible por la conquista de ésta. En este sentido, desde el pensamiento ético, filósofas como Celia Amorós, Amelia Valcárcel y Victoria Camps han insistido en la clarificación del concepto de igualdad como la plataforma de derechos y oportunidades desde la cual es posible el desarrollo autónomo de cada una de las personas como singulares y diferentes.

El derecho a la diferencia presupone la igualdad de derechos básicos entre los individuos. "La igualdad es una suposición", dirá

Amelia Valcárcel. La igualdad se busca como posibilitadora de la diferencia, que es la que de verdad constituye a los individuos como tales, tanto a las mujeres como a los varones, singulares y concretos. Como han expresado reiteradamente Celia Amorós y Amelia Valcárcel, la igualdad, entendida como capacidad real para hacer, pensar y decidir, no significa que los individuos de esta relación tengan que hacer, pensar o decidir lo mismo. La igualdad entre sujetos no implica que éstos no puedan ser distintos, pues las personas somos únicas e irrepetibles: "somos iguales y somos diferentes", vuelvo a insistir.

Las personas somos seres únicos, pero también somos seres completos con extraordinarias posibilidades de desarrollo. Todo ser humano es en cierta medida femenino y masculino y las características personales y psicológicas que tradicionalmente se han considerado femeninas o pertenecientes a la mujer (afectividad, comprensión, sensibilidad, intuición, subjetividad, comunicación...) y las que se han considerado masculinas (racionalidad, valentía, agresividad, fortaleza, objetividad...) no pertenecen en exclusiva a cada sexo, ni se excluyen entre sí. Estas características no pertenecen a una supuesta esencia de mujer o de hombre sino que existen como posibilidad para todos los individuos, mujeres y hombres. Todas estas capacidades podemos desarrollarlas todos y todas en cualquier combinación y dirección. Si desde el momento del nacimiento estamos moldeándonos por el medio social, nuestras personalidades son algo más que testosterona y estrógenos. Las potencialidades naturales de cada cual no están determinadas por su sexo, aunque se enraícen en él, pero sí están muy favorecidas y fortalecidas socialmente según él. Limitar a mujeres o varones la posibilidad de desarrollarlas es negarles la posibilidad de ser personas en plenitud y esta limitación se produce en una sociedad desigual.

La necesidad de las mujeres de reivindicar la diferencia es un forzoso e imprescindible reconocimiento de ciertas cualidades humanas, que tradicionalmente se han atribuido a las mujeres y que han sido devaluadas en la historia de la humanidad, en algunos casos, por las mismas mujeres. Sin embargo, esto no tiene por qué descartar las cualidades tradicionalmente atribuidas al varón o masculinas. La combinación, desarrollo y armonización de todas las cualidades femeninas y masculinas en todos, mujeres y varones, sin negar ni devaluar ninguna, es un enriquecimiento y un crecimiento para llegar a ser persona. No hay cualidades mejores ni peores según género, sino más bien un desequilibrio de éstas en las personas por una educación sesgada. Desarrollar los valores femeninos en los varones y reconocerlos en el sistema social, y fomentar en las mujeres la seguridad y la confianza en sí mismas, cualidades típicamente atribuidas al varón, es contribuir a que ambos, tanto mujeres como hombres, puedan ser realmente autónomos. Esto es tarea de todos, mujeres y hombres, es un caminar hacia la igualdad y es el sentido de la coeducación que hoy algunos profesionales de la educación intentamos.

La igualdad de derechos es necesaria como plataforma de despegue desde la que cada cual expresará sus diferencias, pudiéndose combinar en una identidad singular y sin que ninguna de estas diferencias lleven a discriminación o exclusión.

7. Miedo a la igualdad y rechazo del feminismo

El feminismo tiene la culpa de todo

A toda transformación, personal o social, antecede un momento de crisis. El malestar, la desorientación y el temor que genera toda crisis lleva a la búsqueda desesperada de culpables. Puesto que la emancipación de las mujeres trae consigo la crisis de la familia patriarcal y, con ésta, la crisis de la identidad de mujeres y hombres, han surgido en la última década discursos neoconservadores que culpan al feminismo de la insatisfacción que tanto hombres como mujeres sienten en la actualidad. Estos discursos culpan al feminismo, a las feministas y, en última instancia, a las mujeres. Ellas son culpables de todos los fenómenos que se han producido en la sociedad por sus conquistas sociales: tienen la culpa de las separaciones y divorcios, de la baja natalidad, del problema de la educación de los hijos, de la lucha de los sexos, de su propio malestar y del de los varones. Es decir, a las mujeres se nos culpa por querer ser tratadas con respeto, por pretender un trato igualitario en relación al varón en el sistema social, por desear ser dueñas de nosotras mismas y por no resignarnos a una vida de sacrificio. Es tan absurdo como considerar culpables a los esclavos de buscar su libertad por el trastorno que acarrea esta pretensión a la sociedad ¿No será más bien que el desorden y las crisis sociales son necesarias para toda transformación?

El colectivo que se siente amenazado por el cambio de posición de las mujeres es el de los varones que pierden poder y por ello, muchos de éstos se posicionan en contra. Conseguidos ya los derechos formales, "¿qué quieren las mujeres?", "¿hasta donde quieren llegar?", "pero, si ya somos iguales", "además, habéis salido perdiendo porque ahora tenéis que esforzaros el doble", dicen algunos desde su posición de poder y con tono paternalista. Este discurso resulta totalmente cínico viniendo de los varones. En primer lugar, ¿somos realmente iguales? ¿Se ha conseguido la igualdad real de posibilidades con el reconocimiento de la igualdad legal de derechos? ¿Acaso las discriminaciones hacia la mujer no siguen siendo la norma? En segundo lugar, ¿por qué ha salido perdiendo la mujer, por qué la doble y la triple jornada? ¿Acaso no se debe a las resistencias masculinas al cambio?

Convertir a las víctimas en culpables es la táctica de toda forma de discriminación y el modo de perpetuarla. Así, a los inmigrantes que vienen a trabajar en los puestos que los españoles dejan vacantes, los peores pagados y de peores condiciones, se les considera culpables: culpables del paro, de la delincuencia, de su ilegalidad, etc. Es en las capas sociales más bajas donde más se extiende esta culpabilización del inmigrante porque son las más vulnerables. La inestabilidad en el empleo o el paro, las peores condiciones de vida, lleva a muchas personas de estos sectores socioeconómicos a percibir a los inmigrantes como competidores —en el mercado laboral, en los servicios sociales— y se sienten amenazados. Del mismo modo, en algunos contextos conservadores se considera a las mujeres de hoy, más formadas y con aspiraciones profesionales y proyectos de vida propios, como una amenaza, como la causa del malestar y la crisis de identidad de hombres y mujeres. Muchos varones que se sienten amenazados son los primeros en no comprenderlas y en culpabilizarlas.

Se comienza a estereotipar negativamente a la mujer que reivindica la igualdad para poder ser ella y al feminismo, como se hace con los inmigrantes y la inmigración. Así, se las acusa de prepotencia, autosuficiencia, egoísmo y de la guerra de sexos. La mujer que quiere ser ella misma y realizarse como persona es egoísta y prepotente, es decir, es "mala". Si se quejan del sexismo imperante se las acusa de victimismo, pero si pretenden ser ellas mismas, elevándose por encima de este sexismo social, se las considera prepotentes. El caso es que las mujeres y sus logros siguen siendo juzgados por la mayoría de los varones con cierto paternalismo.

Todos estos mensajes negativos, como en el caso de los atribuidos a inmigrantes e inmigración, son una forma de manifestar el miedo y el rechazo a un colectivo. Como no sería lógico odiar a todo el género femenino, el rechazo se centra en el feminismo, que se considera como el pervertidor de la mente de muchas mujeres. Así, a aquellas mujeres que pretendan ser libremente y que reivindiquen en diferentes espacios la igualdad de trato, se las califica de feministas en un sentido despectivo. Amelia Valcárcel relata en forma autobiográfica en su libro *Rebeldes* cómo, cuando de forma natural se busca la simetría, la equidad, y no se encuentra, nos rebelamos y la reivindicamos como algo natural, y es entonces cuando se nos empieza a llamar "feministas" como algo malo, a modo de acusación. Esta acusación de feministas en cuanto alguien denuncia la injusticia aparece desde la adolescencia, momento en el que se da una afirmación de sí. Algunas hemos recibido ese atributo desde que tenemos uso de razón sin que supiéramos aún qué significaba el pensamiento y el movimiento feminista. Resultaría muy interesante hacer un estudio sobre en qué casos se utiliza el término feminista como acusación de no se sabe qué. Cuando las cosas salen mal hay que buscar un culpable y mejor que examinarnos a nosotros mismos es buscar a alguien a quien culpar. ¿En cuántas rupturas y divorcios, conflictos y discusiones, el varón se defiende con este reproche hacia la mujer: ¡Te has vuelto una feminista!?; ¿En cuántos contextos, en situaciones de maltrato solapado se llama a la mujer feminista por "no aguantar"? El término feminismo va adquiriendo así una connotación peyorativa: el feminismo tiene la culpa, es malo y pervierte la mente de las mujeres.

El rechazo a las mujeres que reivindican sus derechos puede ser una actitud cómoda para un varón que se siente perdido en una sociedad en cambio. Sin embargo, esta reacción antifeminista neoconservadora se extiende socialmente convirtiéndose en la ideología dominante e impregna también la mentalidad de muchas mujeres. ¿Qué hace que el "feminismo" se haya convertido en algo tan negativo como para que incluso algunas mujeres renieguen de él?

Desconocimiento, miedo y táctica del desprestigio

Como todo rechazo, el rechazo al feminismo y a las feministas se basa en el desconocimiento, en la ignorancia. Se desconoce el largo camino recorrido por alcanzar la igualdad, los logros y las dificultades por conseguir estas conquistas; se desconoce también que lo que hoy es común un día fue revolucionario y que por las luchas y avances de muchas mujeres y algunos hombres comprometidos hemos avanzado todos. Al desconocimiento siempre va vinculado el miedo. El rechazo al feminismo no es más que *desconocimiento* de lo que es, de lo que busca, y *miedo*, en este caso, al empoderamiento de la mujer actual.

El miedo al feminismo tiene que ver también con el temor de muchos varones a ser culpados de la discriminación social hacia la mujer. Cuando alguna mujer denuncia la discriminación hacia su sexo y reivindica la igualdad, siempre algún varón cercano se siente ofendido o atacado personalmente o ve victimismo en el discurso igualitario. El miedo de muchos varones al feminismo es el miedo a que se les culpe, miedo a sentirse culpables. Es cierto que en muchos casos se les culpa y en algunos momentos de la historia del feminismo algunas facciones se han centrado en este culpar al varón de todos los males de las mujeres. Es cierto también que en la vida diaria a veces se les ofende con una reivindicación en tono agresivo, y que se generaliza sobre ellos como colectivo y se sospecha de ellos por el hecho de ser hombres. Hemos visto al hablar de la *guerra de sexos* que con frecuencia se identifica de modo simplista *machismo* con *hombre*. Sin embargo, esto no es la norma en el pensamiento y movimiento feminista y no justifica el negar que la desigualdad exista y desprestigiar a todo un movimiento emancipador. Es precisamente esta cínica actitud de negación de la evidente desigualdad y de desprecio injustificado hacia quienes reivindican la justicia lo que provoca en algunos espacios respuestas agresivas y contundentes por parte de las mujeres.

Uno de los mecanismos sutiles de la ideología del patriarcado para perpetuarse es ocultar y desprestigiar las reivindicaciones feministas. Una de las tácticas para ello es identificar el feminismo como movimiento social e intelectual con personas, las feministas, a las que se atribuyen estereotipos negativos. Desprestigiando a las feministas se desprestigia al feminismo. Esto conduce a confundir un análisis sociológico, un pensamiento, unas reivindicaciones políticas y un movimiento social con ciertas actitudes y comportamientos que se atribuyen de forma estereotipada a las feministas: agresividad, odio, rencor, envidia, masculinidad o poca feminidad, prepotencia, homosexualidad, etc. Estos estereotipos "pretendidamente negativos" de las mujeres que denuncian la injusticia y reivindican la igualdad las convierten en malas y, con ello, se sataniza a todo un movimiento social y toda una línea de pensamiento desarrollada y expresada desde hace varios siglos.

Después de desprestigiar a las feministas con todo tipo de generalizaciones se utiliza la táctica de unificar todas sus opiniones de forma trivial. Cuando una mujer habla sobre el colectivo de las mujeres ya se la denomina feminista y se considera que encarna al feminismo. A menudo en los medios de comunicación, siempre que se tratan temas o noticias relativos a las mujeres, se transmiten opiniones personales atribuyéndolas a las feministas. En vez de nombrar a quien emite cierta opinión, Menganita, Fulanita, como se haría en otros casos, se nombra a todo un colectivo confundiendo a la opinión pública y extendiendo estereotipos sobre el feminismo. En relación a problemas sociales que afectan a las mujeres, a menudo vemos titulares que rezan así: "Las feministas dicen..." Cuando una lee esas opiniones, se pregunta: "¿Quién dice eso, quiénes son esas feministas que opinan en bloque como si no tuvieran capacidad individual y crítica de pensamiento?". Hoy el pensamiento feminista no es homogéneo sino muy diverso. No se puede hablar de la opinión feminista ante diversos fenómenos como si fuera única. Mezclando todas las opiniones de las mujeres sobre las mujeres se genera confusión sobre toda una línea de pensamiento transformador y emancipador como es el feminismo. Esta forma tergiversada y restringida de ver y mostrar al feminismo es uno de los mecanismos utilizados para su desprestigio por los esquemas vigentes del poder del patriarcado.

Veamos los estereotipos que se atribuyen a las feministas y, por extensión, al feminismo. Uno de ellos es el de poca feminidad. Es sabido el ya viejo prejuicio machista de que el acceso al conocimiento en la mujer se corresponde con falta de feminidad: o se es femenina o intelectual, pero no las dos cosas a la vez. Parece ser que también la búsqueda de la igualdad y de la justicia implica falta de feminidad. Hay muchas mujeres muy poco femeninas según el ideal de feminidad que transmite la cultura patriarcal, como hay muchos varones muy poco masculinos según el modelo de masculinidad impuesto, pero esto no es vinculante con la búsqueda de la igualdad. Resulta absurdo y contradictorio atribuir la falta de esta pretendida virtud de la feminidad a todo un movimiento social, con una trayectoria histórica de siglos, cuando este ideal de feminidad ha cambiado tanto en los últimos tiempos y sigue en proceso de cambio permanente.

Si lo que se quiere decir cuando se expresa que una mujer es poco femenina es que desea ser ella misma, afirmarse y ser dueña de sí, efectivamente las feministas que entiendan a la mujer como un sujeto de acción y decisión, es decir, como un ser libre, son poco "femeninas". Son poco femeninas porque no comparten la idea de feminidad como dependencia, pasividad, sumisión. Pero a veces esta pretendida falta de feminidad se reduce a manifestaciones estéticas. Ya quedó atrás el tiempo en que se entendía que la igualdad entre hombres y mujeres dependía de no ponerles pendientes a las niñas. En cualquier caso, los ideales de feminidad y masculinidad, reducidos a una cuestión estética, han cambiado históricamente y hoy, como hemos visto, están en continua transformación. El pelo corto en las mujeres o vestir con pantalones, por ejemplo, fue considerado en otro tiempo como subversivo por no ser nada femenino cuando hoy está generalizado entre las chicas en perfecta armonía con su feminidad. Del mismo modo, el pelo largo y el uso de pendientes por los chicos fue considerado como pérdida de masculinidad. Los ideales estéticos de masculinidad y feminidad están cambiando y no son relevantes para la búsqueda de la justicia.

Otro estereotipo que se transmite de las feministas es el lesbianismo. La homosexualidad en varones y en mujeres es una forma de comportamiento perfectamente legítimo, pero como orientación afectivosexual resulta también independiente de la búsqueda y reivindicación de la justicia. La justicia se busca y se ha buscado históricamente desde cualquier forma de orientación sexual, y desde los caracteres más variopintos en cuanto a feminidad y masculinidad. La igualdad de derechos entre mujeres y hombres se ha buscado por mujeres –y algunos hombres– de cualquier opción sexual desde los inicios del feminismo.

Pero el prejuicio que la ideología patriarcal está generando sobre el feminismo y las feministas es que éstas son "malas" *porque buscan el poder y lo buscan contra los hombres*, y en este sentido se las llama "radicales". El tema del poder de las mujeres ha sido uno de los debates del pensamiento feminista de los años ochenta y noventa.

Un serio análisis de la relación de la mujer y el poder se ha llevado a cabo desde la Filosofía por Amelia Valcárcel en *Sexo y Filosofía*. En primer lugar, el feminismo es una postura ética que lucha por una sociedad mejor y más justa, en la que todas las personas sean tratadas como seres humanos con las mismas posibilidades de realización, independientemente del género al que pertenezcan. En este sentido, ha luchado y lucha para exigir los derechos de unas personas, las mujeres, no por ser mujeres, sino por ser personas, sin olvidar que son discriminadas por ser mujeres. Luchar por las mujeres no es luchar contra los hombres, aunque sí contra los injustos comportamientos que algunos, desde su posición de poder, puedan imponer como resistencia en el camino hacia la igualdad.

En segundo lugar, por supuesto que el feminismo ha buscado y busca el poder para las mujeres, un poder entendido como autonomía o poder sobre sí mismas. Poder no sólo significa dominio o sometimiento de otros. Poder significa potencialidad o posibilidad de hacer, de decidir, de decir, de optar, de ser. Lo que caracteriza al ser humano es su libertad y autonomía, que le permite ser creador de sí mismo: ser persona es, así, *poder llegar a serlo*. Para ser libre hay que poder serlo. Las mujeres históricamente han estado relegadas al mundo doméstico y dependiendo de un varón, pero al no acceder al mundo público con plena autonomía como individuos y ciudadanas de pleno derecho, no han tenido un poder sobre sí mismas. Ya en el siglo XVIII, Mary Wollstonecraft, decía: "Reivindico la educación para las mujeres, no para que éstas tengan poder sobre los hombres, sino sobre ellas mismas". Ese es el poder que quieren y reivindican las mujeres, porque aún no lo tienen. Ese es el poder que están consiguiendo, el empoderamiento del que ya he hablado y que tanto asusta.

Este estigma del feminismo como búsqueda de las mujeres del poder confunde capacidad de decisión con voluntad de dominar a otros, ser dueña de sí con ser dueña de otros, empoderamiento femenino con prepotencia y poderío de las mujeres. El poder, entendido como relación entre las personas que lleve implícita la subordinación, siempre ha sido buscado por algunas personas en la sociedad con independencia del sexo. Algunas mujeres han intentado ejercerlo en el único espacio donde han podido, el doméstico o en el espacio público, detrás de algún hombre poderoso, doblegando su voluntad o manipulándolo, pero siempre con artimañas, pues su posición social de subordinación no les permitía un ejercicio explícito de ese poder. Sin embargo, en el mundo público lo han buscado abiertamente muchos hombres. Este poder, entendido como dominio de otros, puede ser hoy buscado por algunas mujeres, como puede ser también buscado por algunos hombres y pueden pretenderlo, tanto unos como otras, desde ese otro poder que es la capacidad de decisión. Buscar ese poder que es dominación es hoy una elección personal, de muchos hombres y de algunas mujeres.

Los conceptos feminismo y feministas se convierten en otras de esas palabras con mala prensa como el concepto de igualdad al que se relacionan y del que, como hemos visto, muchas mujeres reniegan desde la reivindicación más acrítica de la *diferencia*. Muchas mujeres desconocen qué significa la palabra feminismo y lo identifican con un movimiento del pasado, combativo, agresivo, radical, es decir, poco femenino. Resulta incoherente que el movimiento feminista sea hoy así percibido, cuando ha sido el primer movimiento pacifista de la historia. Del mismo modo, muchas de estas mujeres que reniegan del feminismo lo consideran hoy innecesario, lo cual resulta contradictorio cuando estamos viendo cómo aumenta escandalosamente el número de mujeres asesinadas por varones. El proceso simplista por el que se relacionan unos conceptos y se rechazan otros es el siguiente: [(feminismo=igualdad)≠(feminidad=diferencia)]. El feminismo y la igualdad de derechos y oportunidades que pretende se entiende como pérdida de feminidad. El interesado desprestigio del feminismo ha llevado a muchas mujeres a rehusarlo por miedo al rechazo masculino si se identifican con él. Las mujeres no quieren ser identificadas con algo tan abominable como la búsqueda del poder o la falta de feminidad. Eso no gusta a los varones. Cuando algún varón las llama "feministas" por afirmarse a sí mismas y defender su espacio, se excusan diciendo: "Yo no es que sea feminista sino que...". Ese "sino que" significa "reivindico mi derecho a ser yo, si bien no quiero que me condenes por ello". Así, muchas mujeres reniegan del feminismo por miedo al rechazo masculino.

Algunas mujeres triunfadoras que han podido abrirse camino en el mundo de los hombres, aunque se sienten mujeres liberadas y están a favor de la liberación de la mujer, muestran un claro antifeminismo al que Carmen Alborch llama en *Malas* el "síndrome de abeja reina":

> "El éxito personal obtenido dentro del sistema la induce (a este tipo de mujer) a mantener su posición única y no está interesada en que otras mujeres se liberen fácilmente sin tener que luchar como ella lo ha hecho o, todavía peor, no le interesa tener a otras mujeres como competidoras. Ella cree que lo ha conseguido con el sudor de su frente (sólo) y que si las demás mujeres están dispuestas a pagar su precio pueden intentarlo".

Este tipo de mujeres considera que si otras no triunfan en la vida es por su culpa. Entendiendo el éxito desde el punto de vista masculino, como un éxito de estatus socioeconómico en el espacio público, que les sirve para engrandecer el ego, no son capaces de reconocer que su posición es privilegiada con respecto al colectivo de las mujeres en general y que si están donde están no es sólo por su indudable esfuerzo, sino por el camino y las puertas que le han abierto otras mujeres.

Por miedo al rechazo masculino que marca las pautas de su propia valoración o por identificación con la escala de valores masculina, muchas mujeres rehuyen del calificativo de feministas. Independientemente de que sean varones o mujeres quienes rechacen el feminismo y a las feministas, en la identificación feminismo=feminista y la denostación de éstas, se presupone una anterior identificación de feminismo y feminista con mujer. Aunque la lucha feminista haya sido una lucha de mujeres, feminismo no es identificable con mujer. El feminismo, repito, es una posición ética que busca un mundo más igualitario y más justo donde los seres humanos se puedan desarrollar de forma completa, independientemente de su sexo. Esta postura ética es y ha sido defendida por mujeres y hombres, y hoy es aceptada por los Estados que reconocen los derechos humanos.

Los movimientos abolicionistas o antiesclavitud fueron iniciados por personas esclavas, pero fueron secundados por personas libres que percibían la injusticia, como hoy la lucha contra el racismo no sólo es apoyada por personas negras, sino también por personas blancas. Del mismo modo, las reivindicaciones feministas son defendidas por mujeres, pero también por varones que son conscientes de la injusticia. Como vimos en el capítulo 2, voces masculinas dispersas de los siglos XVII y XVIII, como el Padre Feijoo en lengua castellana o el filósofo cartesiano François Poulain, son claros antecedentes de las reivindicaciones feministas. Durante la Ilustración, momento en el que se generaliza el discurso vindicativo, la igualdad no es sólo defendida por mujeres, sino también por varones como Montesquieu, Condorcet, Diderot, Voltaire, D´Alembert. Hemos visto que es un olvido histórico totalmente interesado el que hace que prevalezca la misoginia de Rousseau frente a las ideas más abiertas de estos otros ilustrados. Durante el siglo XIX, cuando surge el feminismo como movimiento social organizado, sucede lo mismo, que las ideas feministas de algunos hombres comprometidos con esta lucha, como John Stuart Mill, son hoy desconocidas.

En la actualidad, el pensamiento y las reivindicaciones feministas son asumidas por muchos hombres (no mayoría) conocedores de la historia y que desean y buscan la justicia. Así el término *feminista* se puede atribuir a mujeres y a hombres. Es *feminista* la mujer que quiere ser ella misma y que pide que la dejen serlo sin que la conviertan en culpable por ello. *Feminista* es también atribuible al varón que es consciente de la desigualdad, admite el derecho de la mujer a ser en libertad y pretende liberarse él también de la posición de poder que se le confiere y que no lo deja ser plenamente. *Feministas* son mujeres y hombres que luchan contra la desigualdad y para construir una sociedad más justa y libre desafiando al patriarcado. Si, tanto mujeres como hombres, tenemos como horizonte la igualdad, hemos de caminar juntos. Pero parece que la igualdad no interesa a algunos y una forma de oponer resistencia es desprestigiando a quienes temen.

¿Es casual este desprestigio o es una estrategia del patriarcado? Es sabido que hoy los mass media, al servicio del mercado y con la complicidad de los Estados, están imponiendo un *pensamiento único* al manipular y fabricar nuestra opinión falsificando los hechos, seleccionando interesadamente las informaciones, desinformando y, sobre todo, a través de una propaganda ideológica intencionada que desvirtúa las ideas enemigas y al enemigo. Este nuevo poder de los medios en la sociedad de la información, muy claramente analizado por Noam Chomsky e Ignacio Ramonet en *Cómo nos venden la moto*, acaba con los movimientos de solidaridad y con toda la cultura disidente. Estamos hartos de ver que cuando interesa económicamente devastar un espacio natural se intenta desprestigiar a las asociaciones y personas ecologistas que luchan por protegerlo o que cuando existen poderosos intereses económicos para provocar una guerra en algún lugar del mundo se desprestigia al movimiento pacifista o a sus integrantes. Del mismo modo, la estrategia del patriarcado para resistirse al cambio que trae consigo la emancipación de las mujeres es desprestigiar al movimiento feminista y a las feministas. Sin embargo, son estos tres movimientos ecologismo, pacifismo y feminismo los que en la actualidad, desde planteamientos éticos y a través de la acción política, empujan a los Estados, tanto a nivel nacional como internacional, a comprometerse por una sociedad más justa, donde la convivencia pacífica y saludable sea posible.

Fuera culpas

Vemos que caminar teniendo como horizonte la igualdad, que es la dirección en la que marcha la historia, produce *miedo*. Miedo de las mujeres a ser rechazadas por los varones, a perder su feminidad, a ser consideradas egoístas, "malas"; miedo de los varones al empoderamiento de las mujeres, a perder su masculinidad, a ser considerados por las mujeres "machistas", "malos". El miedo es mutuo y levanta muros entre mujeres y hombres dificultando la comunicación entre ambos. Miedo de las mujeres a ser culpabilizadas por los varones y miedo de los varones a ser culpabilizados por las mujeres. *Miedo y culpa*, dos sentimientos que limitan la libertad, que suelen paralizar y generan desconfianza.

El miedo se produce por desconocimiento y nos impide ver y comprender. Si queremos progresar en el camino de la igualdad hemos de comenzar por intentar superar ese miedo atreviéndonos a acercarnos al problema de la desigualdad de género sin negar su existencia ni poniéndonos en guardia cada vez que se nombra. Esto requiere analizar circunstancias escuchando al otro o a la otra sin considerarle previamente enemigo o enemiga. La cultura patriarcal ancestral nos ha transmitido históricamente la inferioridad de la mujer y de todo lo femenino frente a la superioridad del hombre y de lo masculino. Esta estructura cultural y socioeconómica que nos condiciona a todos, a mujeres y hombres, no desaparece de un plumazo con nuevas legislaciones. El sexismo y el androcentrismo empapa toda nuestra cultura, a través del lenguaje, de actos y actitudes inconscientes que se consideran normales, en la publicidad, en la transmisión del conocimiento, en las estructuras socioeconómicas, etc. Su influencia es tan sutil y poderosa que ni hombres ni mujeres somos muchas veces conscientes de ella. Sin entrar en culpabilizaciones personales, podríamos intentar deconstruir nuestro propio sexismo, el de todos y todas, pues es una mentalidad construida en milenios y de la que ni siquiera nos damos cuenta.

Por otro lado, es necesario desculpabilizarnos todos, tanto hombres como mujeres, lo cual no significa eximirnos de responsabilidades. Ni los varones son culpables personalmente de la discriminación social hacia las mujeres que se da en el patriarcado, ni las mujeres somos culpables de no quererla. De la desigualdad somos todos víctimas. Los hombres también sufren el patriarcado, pues los conduce a un escaso desarrollo emocional y de la comunicación afectiva, impidiéndoles una construcción integral como personas. Todos y todas somos víctimas del patriarcado y de la desigualdad, pero también somos responsables de que se perpetúe. El patriarcado es una estructura invisible que está por encima de las personas pero cada uno de nosotros, en mayor o menor medida, somos cómplices y consentidores de la cultura patriarcal. Hacernos conscientes de esto es necesario para poder transformar esta cultura que nos envuelve, limitándonos y empobreciéndonos.

Urge un reconocimiento por parte de mujeres y de hombres, no sólo de la desigualdad, sino de nuestros propios prejuicios sexistas, para poder combatirlos. Desde la infancia tanto unas como otros hemos interiorizado la creencia en la superioridad masculina y la inferioridad femenina y la estructura social sexista. Es el conocimiento de esta situación social real y el reconocimiento de cada uno de nosotros como agentes sociales en ella lo que nos ayuda a vernos como sujetos responsables, no culpables. Ni hombres ni mujeres somos culpables de una desigualdad social heredada, pero sí somos responsables de seguir perpetuándola una vez que tomamos conciencia de ella. Se requiere un análisis y observación de nuestros comportamientos y actitudes y de cómo repercuten en los otros, una reflexión autocrítica, lo que exige un aprender a ver, una verdadera escucha y diálogo entre todos y todas, una *reeducación*.

8. Miedo a la igualdad y miedo a la libertad

Una mañana, nos regalaron un conejo de Indias. Llegó a casa enjaulado. Al mediodía, le abrí la puerta de la jaula. Volví a casa al anochecer y lo encontré tal como lo había dejado: jaula adentro, pegado a los barrotes, temblando del susto de la libertad.

EDUARDO GALEANO

Igualdad y libertad

La igualdad no es identidad. La igualdad es una relación, relación que equipara a dos sujetos, dos personas libres. La relación de igualdad no pretende convertir a las personas en idénticas ni en sustituibles, sino reconocerlas como sujetos con la misma libertad y la misma capacidad de ser dueños de sí mismos. La filósofa Amelia Valcárcel ha introducido el concepto de *equipotencia* como esta igualdad entre dos sujetos con poder, poder para ser libremente y poder para establecer pactos libremente entre ambos. Se trata de una relación de equivalencia entre dos personas que no tienen por qué ser idénticas ni compartir los mismos valores ni aspiraciones, pero sí el mismo reconocimiento y capacidad de ser, que es lo que homologa la relación.

Cualquier persona necesita el disfrute de su libertad para ser, pues somos lo que elegimos ser. Pero la realización de nuestros proyectos vitales sólo es posible si existe un reconocimiento real de nuestra libertad y de que, como cualquier otro ser humano, la pretendemos. Elegir construirnos a nosotros mismos es posible si nos dejan, si se nos reconoce ese derecho. Por lo tanto, libertad e igualdad son inseparables en el reconocimiento de la dignidad que todos como personas tenemos.

Las nuevas relaciones de género más igualitarias a las que conduce la emancipación de la mujer son difíciles y asustan, como hemos visto, porque reconocer a otro como un igual es tomarle en serio, como un sujeto libre, y este reconocimiento supone también tomarse a sí mismo en serio, considerarse también como un sujeto libre. El reconocimiento de mujeres y hombres como iguales es el propio reconocimiento de mujeres y hombres como dueños de sus propias vidas. Ahora bien, esta igualdad presupone la toma de conciencia individual de nuestra libertad. Esto es difícil y produce miedo. El miedo a la igualdad es el miedo a la posibilidad de ser libremente, y el temor a enfrentarse a la dificultad de compartir la libertad con otro sujeto igualmente libre. El miedo a la igualdad es el miedo a la libertad.

Asumir nuestra libertad, la libertad que nos constituye a cada uno como persona, es enfrentarnos a la responsabilidad que tenemos con respecto a nuestras vidas. Esto produce miedo. Nuestra autonomía nos convierte en creadores de nosotros mismos, lo que significa reconocernos como artífices de nuestra vida, es decir, responsables de ella. Significa tomar conciencia de que todo lo que haga no da igual, que cada uno de mis actos me está construyendo, me está inventando. Esta responsabilidad nos asusta y nos angustia tanto que preferimos negar nuestra libertad y que sea algo (o alguien) externo a nosotros el piloto que dirija nuestras vidas. Renunciamos así a la libertad por miedo.

Este tema del miedo a la libertad fue tratado por Eric Fromm hacia 1940 en su conocida obra *Miedo a la libertad*. En esta sociedad nuestra donde uno se siente aislado y ajeno a todo, existen mecanismos psicológicos para superar este aislamiento que llevan a la renuncia de la libertad, como hundirse en la colectividad, en modas y modelos de vida estereotipados. El ser humano, en este medio hostil y ajeno, decide cada vez más negarse la libertad, por miedo. Poniéndose excusas a su libertad, se convierte, por decisión más o menos consciente, en esclavo de las circunstancias hasta perder la conciencia de sí mismo como sujeto.

En una sociedad donde se pide a gritos la igualdad de género quizás no haya todavía tanta gente, ni mujeres ni hombres, que estén dispuestos a asumir esta responsabilidad. La educación segmentada que hemos recibido en los roles de género tradicionales no favorece la autonomía en las mujeres, pero tampoco la consigue en los varones. Aunque se estimule más a los varones para conseguir su autonomía, tampoco se les educa para ella, sino para la autosuficiencia, para el poder y el éxito social, que no es lo mismo. Ni unos ni otras somos educados para el poder sobre nosotros mismos.

Por la socialización desigual, muchas mujeres tienen una baja autoestima y una inclinación a la dependencia; sienten miedo aún de hacerse cargo de sus vidas, de su autonomía y se manejan mejor en su rol tradicional de ser en función de otros. Su malestar, sin embargo, puede llevarlas o a un sentimiento de culpa o a un victimismo constante. La socialización desigual presiona a muchos varones para que intenten ser autónomos, independientes, fuertes, autosuficientes, pero sin proporcionarles mecanismos para su desarrollo integral; sin estrategias para su desenvolvimiento emocional se sienten perdidos, incluso a veces más dependientes y desvalidos que muchas mujeres. Estos varones sienten miedo también de enfrentarse a mujeres a las que han de reconocer como iguales, como igualmente libres, porque les hacen de espejo de la propia libertad y autonomía que tienen que asumir. También éstos, simulando falsa seguridad, se refugian en el rol tradicional y mantienen una queja constante contra las mujeres ("¿qué quieren las mujeres, hasta dónde quieren llegar?") a las que culpan de su propia desorientación vital, convirtiéndose ellos también en víctimas.

La táctica de la culpabilización sirve a cada uno, mujeres y hombres, para descargarse del peso de la responsabilidad: "Si no somos culpables, somos víctimas" y "Si somos víctimas, no somos responsables". Lo que se esconde tras tanta culpa es el miedo, el miedo a la igualdad que no es más que el miedo a la libertad. "Mitad víctima, mitad culpable, como todo el mundo", decía uno de los personajes del teatro de Sartre, lo cual significa que no se trata de creer que si somos una cosa no somos la otra, sino que hacernos cargo de nuestra existencia significa que somos responsables de ser ambas cosas. Ya hemos visto que la culpabilización del otro género es una forma de simplificar el problema social real que es que la igualdad todavía no existe, pero además es una forma de poner la mirada fuera de nosotros mismos como sujetos libres y responsables para no asumir nuestra libertad.

Las relaciones de igualdad sólo serán posibles a partir de una *conciencia* de sí y del otro como dos sujetos libres e iguales. Quien no toma conciencia de sí como sujeto libre no puede reconocer tampoco a los demás como sujetos igualmente libres. La verdadera libertad que nos caracteriza a los seres humanos y que nos convierte en personas no es meramente la capacidad de elegir entre esto y aquello, sino la capacidad de tener control sobre nuestra existencia, es decir de ser autónomos, y esto es algo que hay que buscar y pretender. La libertad como capacidad de elegir se transforma en autonomía cuando alguien la reconoce y se hace cargo de ella. Esto exige un grado de madurez, de autoconciencia y de voluntad que asusta y al que no todo el mundo está dispuesto. De este modo, el camino hacia la igualdad no resulta fácil por el propio miedo a la libertad.

Virtudes: innatas en las mujeres, elegidas en los varones

Toda sociedad ha calificado los comportamientos y actitudes de sus miembros, o a ellos mismos, como *buenos* o *malos* si se ajustan o no a los valores y normas que regulan la convivencia. Los conceptos bueno-malo aplicados a las personas y a sus comportamientos se convierten así en lo aceptable-no aceptable para un grupo en una etapa histórica dada. Bueno-malo son construcciones socioculturales que dependen del momento histórico y de la cultura, de sus conceptualizaciones sobre el ser humano y, por ello mismo, de sus prejuicios y de su ideología. Pero en la infancia estos atributos bueno-malo tienen mucho peso en el modelado de las conciencias y las personalidades. Cuando a un niño o a una niña se le dice "bueno o buena" se le está diciendo "te aceptamos" y "te queremos" y cuando se le dice "malo o mala" se le está diciendo "no te aceptamos", "no te queremos". Como toda persona busca ser querida, va ajustando sus comportamientos a estas valoraciones morales conformando así su personalidad de acuerdo a patrones socio-culturales.

En la sociedad patriarcal los calificativos bueno-malo han tenido históricamente una significación diferenciada según género, de tal forma que los comportamientos y actitudes se han valorado moralmente de forma distinta si pertenecían o eran ejecutados por hombres o por mujeres. Esta valoración moral diferencial de los comportamientos resulta contradictoria en cuanto que la moral se fundamenta en valores y normas que procuran la convivencia y el bien de la colectividad en su conjunto, a no ser que se sostenga en la idea de que hombres y mujeres *no son iguales* como personas. Esto es lo que ha sucedido en la sociedad patriarcal: hombres y mujeres han sido considerados históricamente como seres de distinta naturaleza, con distinto estatus y distintos derechos. Como poseedores de distintas naturalezas se les ha relegado al mundo privado a unas y al público a otros y en estos dos mundos las reglas del juego se han establecido de forma diferente. En nuestra sociedad, en la que, al menos en el discurso teórico, se reconoce la igualdad entre hombres y mujeres, este doble rasero a la hora de juzgar moralmente los comportamientos y a las personas sigue manteniéndose hipócritamente.

A pesar de que la ideología patriarcal ha asignado a las mujeres un origen secundario y malévolo como hijas de Eva, que las convertían en imperfectas, impuras y peligrosas, por lo que debían ser controladas por la autoridad del varón, la tradición ha ido asumiendo que la naturaleza biológica de la mujer, ligada a la procreación, hacía que su esencia fuera bondadosa. Ésta es una de las contradicciones de la cultura patriarcal: nuestra esencia o naturaleza ¿es mala o buena?; ¿en qué quedamos? Las cualidades que histórica y culturalmente se han atribuido a las mujeres (sensibilidad, afectividad, comprensión, empatía, intuición) como parte esencial de su ser mujer, han sido siempre consideradas buenas desde el punto de vista moral, pues están relacionadas con el altruismo, la cooperación y la solidaridad, valores morales fundamentales para la convivencia. Es así que estas cualidades o rasgos de carácter se han considerado virtudes de las mujeres, virtudes que pertenecen a su esencia, a su naturaleza, a su ser mujer. En esta moralización de la naturaleza femenina se ha basado el engaño del *discurso de la excelencia* que tantas veces nos ha hecho creer que esa hipervaloración moral de las mujeres significaba una posición de privilegio de las mismas en la sociedad.

Los atributos que según el estereotipo de género tradicional corresponden al varón no han sido muy valorados desde el punto de vista moral en nuestra cultura (agresividad, competitividad, valentía, fuerza...). Sin embargo, son valorados desde el punto de vista funcional o instrumental: son operativos para el éxito (económico, social, político) en la vida pública, objetivo e ideal para el que los varones han sido educados. La imagen del triunfador va unida a estos rasgos tan poco recomendables moralmente. ¿Quiere esto decir que los hombres no sean buenos desde el punto de vista moral, que se nieguen culturalmente las virtudes morales a su esencia natural, a su ser hombre? No. Los varones, en su actividad pública –en el gobierno, en las empresas económicas, en la actividad científica, artística, etc.–, pueden ser honestos o deshonestos, justos o injustos, sinceros o cínicos, avaros o generosos, competitivos o cooperativos. Estas cualidades morales en el colectivo de los varones no son naturales sino elegidas. En ellos las virtudes morales son opcionales, pues en ellos se ha presupuesto siempre la libertad para elegirlas.

Los varones han sido históricamente considerados entre ellos iguales en cuanto sujetos libres, aunque diferentes por sus elecciones personales. Las mujeres, en cambio, como poseedoras de unas virtudes esenciales e innatas, han sido consideradas idénticas y en ellas no se ha supuesto la posibilidad de elegir, ni se les ha dejado. Su naturaleza es ser malévolas como hijas de Eva o bondadosas como potenciales madres, pero no libres. En palabras de Celia Amorós:

> "Que la relación intergenérica sea una relación jerárquica se debe a que cada conjunto, masculino y femenino, se mueven en espacios diferentes: en el espacio de los iguales, los varones, y en el de las idénticas, las mujeres".

Si los hombres eligen libremente comportamientos muy poco morales (competitividad, egoísmo, violencia, sometimiento) se les justifica o tolera en nuestra cultura en aras del éxito. En la vida pública están muy extendidos socialmente los discursos de que "en política y en la guerra todo vale" o "los negocios son los negocios, en ellos lo prioritario son las ganancias". Se habla continuamente de "lo políticamente correcto" que no tiene por qué coincidir con lo que se hace y se tolera en la vida y en la práctica política real, lo cual muestra en el mundo público una doble moral. En nuestra sociedad existe la hipocresía de considerar que los valores morales pertenecen a la vida privada y no a los espacios económicos y políticos, o públicos, donde el interés individual de éxito y poder prevalece sobre cualquier otro tipo de compromisos éticos. Los bienes económicos y el prestigio social están por encima de cualquier consideración del otro como persona en el espacio público, mientras no es así en el espacio doméstico o privado, donde se valoran las virtudes morales. Histórica y culturalmente a los varones no sólo no se les educa para ser "buenos" en el sentido moral atribuido a las mujeres, que desarrollan estas virtudes para el espacio doméstico, sino que se les justifica que no lo sean en cuanto participantes de la vida pública.

A las mujeres en cambio no se les ha permitido ser "malas", pues sería contrario a su naturaleza de mujer, que se ha relacionado siempre con el ideal de la maternidad. El estereotipo de género tradicionalmente adscrito a las mujeres incluye esa bondad natural de cuidar y darse generosamente a los demás como parte de su naturaleza, pues ésta se ha definido como madre y esposa. Otras virtudes que también han sido muy acordes con su papel subordinado se ha considerado que pertenecían a su naturaleza de mujer: paciente, solícita, casta, fiel, caritativa, honesta, humilde, obediente, sumisa, etc. Sin embargo, siempre ha habido mujeres que se han salido de este canon en todas las épocas históricas, como muestran Carmen Posadas y Sophie Courgeon en *A la sombra de Lilith*, por citar uno de los últimos libros que recopilan biografías femeninas. Las mujeres que han vivido de forma "contraria a su naturaleza" han sido siempre relegadas a la exclusión y marginación, con calificativos como furcias, rameras, brujas, locas, egoístas, prepotentes, etc., según las épocas, y su inmoralidad ha justificado para los varones la necesidad de someterlas y controlarlas.

Hoy en el proceso de socialización sigue exigiéndose más que la chica se ajuste a la norma, mientras se disculpa y tolera que el chico se la salte, transmitiéndose desde muy temprano la idea de que las niñas son más bondadosas y obedientes que los niños, a los que se les permite ser traviesos. Saltarse la norma en el niño es ser travieso, un adjetivo con una connotación que indica libertad. En las niñas la bondad es ser obedientes, es decir, subordinadas. Recuerdo una escena en la que un grupo de personas adultas escuchábamos junto a un niño y una niña, hermanos, el relato que hacía su abuela de las virtudes y defectos de ambos. Se trataba de esas odiosas descripciones comparativas. La niña era buenísima y obediente, pero el niño era un auténtico trasto. Lo típico. Sin embargo, la niña llamó mi atención porque miró a su madre y le dijo: "... pero yo también soy traviesa, ¿a que sí, mamá?, cuéntale lo de..." y empezó a relatar ella misma una de sus travesuras. La niña percibía que aunque dijeran que su hermano era un trasto, eso no era algo negativo, sino una posibilidad que ella también podía tener.

Esta connotación moral que se ha atribuido culturalmente a la mujer, esa pretendida "bondad natural" de género, que la ha conducido a la abnegación y al sacrificio, ha sido una pesada carga para ella en la búsqueda de su libertad. La libertad que en el varón se ha presupuesto para poder ser bueno o malo moralmente, en la mujer se ha considerado egoísmo, una cualidad muy poco valorada socialmente desde el punto de vista moral. Ser egoísta en el sentido de preocuparse de uno mismo es necesario para ser libremente, para llegar a ser un sujeto autónomo, y ha sido mucho más permitido a los varones precisamente como signo de su libertad y autonomía. Sin embargo, en las mujeres este ser egoísta ha sido censurado socialmente como moralmente malo y a las que se han atrevido a serlo se las ha rechazado y repudiado de diferentes formas en la historia. Si la mujer se ha atrevido a ocuparse de sí misma, a cuidar de sí, a dejar de ser una sufrida, ha sido considerada egoísta —es decir, mala— pues su "obligación" era ajustarse a su "naturaleza" sacrificándose por otros, cuidando de otros, y olvidándose de sí.

La definición de la mujer únicamente como esposa y madre la ha relegado a ser siempre un ser *de* y *para* otros, a no tener una entidad propia, un ser individual y a que la domesticidad femenina se entienda como natural. Se la ha definido así *por su naturaleza o esencia*. Esta idea extendida de que la mujer cuida de otros por su *esencia natural*, porque tiene más capacidad o potencialidad debido a su naturaleza, así como la culpabilización social de aquellas que no se entrenan en esta virtualidad supuestamente femenina, es una forma de negarle su capacidad de ser, su libertad y su legítima necesidad de autonomía.

Miedo a ser malas, miedo a ser buenos: miedo a ser libremente

Ser persona, ser libre, sujeto de responsabilidad moral, es aceptar que la posibilidad de ser mejor o peor, bueno o malo, según los calificativos morales al uso, está en sí misma; que la posibilidad de elegir unos comportamientos y no otros, independientemente de la calificación moral que de ellos se haga, está en mí. Es esta posibilidad la que me hace ser un sujeto dueño de mí o autónomo. Sólo siendo libre y considerado como tal por sí misma y por el resto, puede la persona ser moral, actuar moralmente eligiendo ser buena o mala. Las llamadas virtudes morales no son innatas, sino elegidas.

La etimología griega del término virtud (*areté*) significa *excelencia de carácter*, es decir, *ser lo que uno es del modo más perfecto posible*. La cultura griega considera que las virtudes, como rasgos del carácter, se adquieren en el medio social y se fortalecen por ejercicio. Por eso en la Grecia clásica se daba tanta importancia a la educación moral, y acceder al conocimiento tenía como fundamento llegar a ser mejor en sentido moral, llegar a ser buen ciudadano, acercarse al ideal de humanidad de la época (por cierto, este ideal excluía a las mujeres, pues el ciudadano era sólo el varón libre).

En la mentalidad griega estaba muy extendida la visión socrática de la moral, lo que se ha denominado *intelectualismo moral*, según el cual aquel que sabe lo que es el bien hará el bien. Es decir, identifican el saber (conocer el bien) con la virtud (hacer el bien), por lo que la moral está en función del conocimiento. Las virtudes se eligen porque se prefieren, pero para preferir lo bueno hay que conocer qué es lo bueno. Para elegir lo bueno, las virtudes, hay además que ejercitarse en ellas, decía Aristóteles. No basta con ser justo u honrado en un determinado acto sino habituarse, acostumbrarse a serlo en todos nuestros comportamientos, convirtiéndose así en una actitud vital. La virtud es así un rasgo de carácter considerado por la sociedad como moralmente bueno, pero resulta posible adquirirla por el conocimiento, el ejercicio y la costumbre.

La virtud o virtudes como rasgos morales no son algo innato en las personas, ni pertenecen a su ser, sino que son rasgos de su carácter y, como tales, desarrollados en su interrelación con otros y fruto de una autoconstrucción. Así, las pretendidas virtudes de las mujeres relacionadas con la maternidad, que les han sido atribuidas históricamente, no les pertenecen por su ser mujer, sino por la costumbre y el ejercicio. Diversos estudios sobre la maternidad, como *El ejercicio de la maternidad,* de Nancy Chodorow, *¿Existe el instinto maternal?,* de Elisabeth Badinter o *Nacemos de mujer,* de Adrienne Rich, han mostrado que lo que es natural es la reproducción, pero la maternidad, así como la paternidad, es una construcción cultural. Lo que durante siglos han sido supuestas virtudes de las mujeres relacionadas con el cuidado, se reconocen y adquieren en el medio social y, por lo tanto, no son propias de las mujeres en exclusividad, sino una posibilidad del ser humano. La actitud maternal, mal llamada instinto maternal, no es una vocación innata sino que se desarrolla y, por lo tanto, también puede ser desarrollada por los hombres.

Muchas mujeres y muchos hombres prefieren seguir creyendo en la bondad o maldad natural y esencial de su sexo, que nos exime de responsabilidades individuales. Así, el cuidado de otros, el afecto, la ternura que se presuponen en la naturaleza femenina no se quiere aceptar ni por algunos hombres ni por algunas mujeres como posibilidad, como comportamientos y actitudes que pueden ser elegidas. La idealización de la maternidad suele fomentar esta creencia. El miedo de algunos varones a aceptar que el cuidado de otros, la comprensión, la empatía, la ternura, el amor, son aprendidos y posteriormente elegidos es debido a que entonces tendrían que plantearse por qué no eligen ellos estas virtudes. Si son virtudes tan venerables moralmente, podrían cuestionarse por qué no se esfuerzan en ejercitarse en ellas o, si es cuestión de educación, podrían preguntarse por qué no exigen una educación no sexista para ellos. Por otro lado, muchas mujeres prefieren considerar que estas cualidades les pertenecen de forma natural, a estimar que son fruto de una transmisión en su educación, pero también de su elección, pues esto las llevaría a plantearse por qué no eligen otras: por qué tienen que ser buenas si también pueden ser "malas".

El desprestigio del feminismo que se está hoy produciendo desde dentro del propio colectivo de las mujeres, responde, como hemos visto, no sólo al temor de que la igualdad se entendiera como identidad con el hombre, sino también al miedo de muchas mujeres a ser consideradas "malas", a tener la posibilidad de serlo desde la libertad que les confiere la igualdad. "Somos malas, podemos ser peores" se ha gritado a menudo en las marchas y manifestaciones reivindicativas de mujeres. "Atreverse a ser mala" ha sido una consigna del feminismo, entendida como el enfrentamiento y la liberación de la presión social que sufren las mujeres con la consideración de malas por pretender su autonomía. No se trata de reivindicar la maldad sino la posibilidad de serlo, la libertad. El feminismo, las feministas son malas por reivindicar el derecho de las mujeres a ser dueñas de sí mismas, a tener la posibilidad de elegir, de ser libres y autónomas. La búsqueda del poder entendido como esta posibilidad, esta potencialidad de ser dueñas de sí, es vista como maldad en las mujeres y por ello se las culpabiliza y se las rechaza. El miedo de muchas mujeres a ser consideradas malas es el miedo a la posibilidad de serlo, es decir, es el miedo a asumir la libertad.

Según se conquistan espacios de libertad, las mujeres estamos demostrando que, además de ser buenas y obedientes, podemos ser también malas y desobedientes, lo cual es muy alentador. También podemos saltarnos la norma, rebelarnos y traicionar las expectativas que la sociedad deposita en nosotras. Esta posibilidad presupone nuestra libertad y nos reafirma en nuestra humanidad: somos capaces, como toda persona, de elegir la excelencia o la miseria en nuestras acciones. Sin embargo, esta libertad que nos posibilita dirigirnos tanto hacia el bien como hacia el mal, se demoniza en la mujer. Desde antiguo se ha satanizado la libertad en la mujer porque ésta le permitía salirse de su papel subordinado. Mientras en el varón la libertad ha sido siempre un signo de grandeza, en la mujer ejercer su libertad ha sido y es considerado antinatural egoísmo y se la ha culpabilizado y rechazado por ello. Es así que las mujeres que quieren ser libremente cargan con la culpa como el caracol carga con su casa.

El sentimiento de culpa que la sociedad genera en sus miembros deriva de la confusión social entre los comportamientos y las personas. Una cosa son los comportamientos de las personas, que pueden ser calificados de buenos o malos, correctos o incorrectos, convenientes o inconvenientes o de lo que se quiera, pero otra cosa es la naturaleza de las personas. Éstas no son ni malas ni buenas en sí, sino libres y por ello capaces de comportamientos muy diversos. La bondad o maldad son categorías morales construidas culturalmente y que se atribuyen a determinadas acciones o comportamientos o a las personas que los realizan, pero que no pertenecen de forma natural ni al sexo ni a los individuos. La naturaleza interna de cada persona, su ser, es neutral. Las personas no son buenas o malas en sí, como una característica definitoria de su ser, ni las mujeres ni los hombres. Son los comportamientos, las acciones y las actitudes de las personas en relación a otros o a sí mismas las que pueden calificarse de buenas-malas, positivas-negativas, valiosas y preferibles o no, aceptables o no, pero siempre desde las significaciones de una colectividad.

"Bueno" o "malo", como conceptos morales, son construcciones culturales que nada tienen que ver con la naturaleza y la identidad de hombres o mujeres. Es, sin embargo, la libertad de las personas, de mujeres y hombres, lo que las convierte en sujetos de responsabilidad moral, lo que posibilita que actúen conforme a lo que social e individualmente se considera valioso o lo que se considera nefasto.

El apego es humano, no exclusivo de la mujer. Esa virtud del cuidado, del afecto, la sensibilidad, la empatía, esa "bondad" moral atribuida a la mujer asociada a la maternidad, precisamente por ser mostrado como algo exclusivo de la mujer y de su naturaleza, al chico se le presenta desde la infancia como signo de afeminamiento, es decir, como pérdida de su masculinidad. "Los hombres no lloran" se les sigue diciendo a los niños en esta sociedad que camina hacia la igualdad. No es de extrañar que muchos varones desde muy temprano se desliguen de sus emociones, dejen de ejercitarse en ellas, o aprendan a inhibirlas, o se avergüencen por ellas. En la transmisión de roles de género tradicionales, ser bueno moralmente, amoroso y afectuoso en sus relaciones, es ser poco hombre, menos hombre.

En el momento de cambio en el que vivimos también los hombres están descubriendo que esas virtudes se adquieren, se ejercitan y se eligen. En este sentido, muchos están aprendiendo a ser cuidadores y a disfrutar de su paternidad, a comunicar más sus sentimientos, a estar más en contacto con sus emociones y a no reprimir su sensibilidad. Atreverse a ser buenos es también, en el colectivo de los varones, luchar con la presión social de una cultura sexista aún, que califica ciertos comportamientos en ellos como una pérdida y, en este sentido, como algo negativo (calzonazos, pringado, pusilánime, poco hombre). Pero atreverse a ser bueno es asumir consecuentemente su posibilidad de serlo, es decir, su libertad. No es una pérdida, sino una ganancia, pues les permite ser en todas sus capacidades, ser plenamente, más libres, más humanos.

A pesar de que en nuestra sociedad es cada vez más común la autonegación de la libertad, quienes se saben auténticamente libres se atreven a ser egoístas en el sentido explicado arriba y a responsabilizarse de ello. Hay hombres que, desde el reconocimiento de su libertad, reivindican su derecho a desarrollar todas estas cualidades y a ser o tener la posibilidad de ser ellos también buenos, al igual que hay muchas mujeres que reivindican su derecho a ser malas o al menos, poder elegir serlo. Así, hay varones que enfrentándose a la presión social de unos patrones conductuales muy estereotipados, han decidido ejercer su paternidad, dejando de pensar tanto en sí mismos y en su éxito socioeconómico y dedicándose al cuidado de otros, como hay mujeres que, a pesar de la culpabilización social de mala madre, mala esposa, mala hija, mala mujer que recaen sobre ellas, han decidido pensar un poco en sí mismas y no estar a merced siempre de los otros. Sin embargo, el calificativo de maldad por su negatividad presiona con mucha más fuerza a las mujeres: sabemos que el peso de estas culpabilidades hace que muchas mujeres maltratadas no puedan salir de esta situación.

Quizás todo iría mejor si aceptando todos nuestra libertad y dejando de seguir los arquetipos comportamentales impuestos por otros, las mujeres nos atreviéramos a ser un poquito más malas y los hombres se atrevieran a ser también un poquito más buenos. Quizás así asumiríamos la responsabilidad de ser nosotros mismos.

9. El redescubrimiento de la libertad

> *La naturaleza humana no es una máquina que se construya según un modelo y dispuesta a hacer exactamente el trabajo que le sea prescrito, sino un árbol que necesita crecer y desarrollarse por todos lados, según tendencias de sus fuerzas interiores, que hacen de él algo vivo.*
>
> JOHN STUART MILL

Por fin, la humanidad ha reconocido que los seres humanos somos *igualmente libres* independientemente de nuestro sexo. Ahora que nos descubrimos como igualmente libres, tomamos conciencia de que de nuestra libertad hemos de hacernos cargo individualmente para transformarla en autonomía. La autonomía, esa capacidad de ser dueños de nosotros mismos, se busca y se desarrolla individualmente; no es una propiedad ya dada al ser humano al nacer, es una posibilidad de éste. Nos hacemos autónomos si nos dejan, hay que poder *serlo*, y si elegimos *serlo*, hay que querer y empeñarse en *ello*. La autonomía hay que quererla, buscarla y conquistarla en cada momento y también ha de ser respetada por los demás. Recordemos que el reconocimiento de la igualdad es el reconocimiento de que la libertad nos pertenece a todos y nos da derecho a todos, también a las mujeres, a buscar nuestra autonomía.

Reconocerse como libre y responsable, como ser autónomo capaz de controlar y dirigir la acción, es considerarse persona, sujeto no objeto, y pretender en cada momento serlo. Este reconocimiento de nuestra autonomía resulta complejo. A veces, el medio social no nos deja, negándonos tal posibilidad: no nos educan para la autonomía, no nos reconocen el derecho a la libertad, no nos respetan nuestros derechos como personas autónomas, nos consideran objetos y no sujetos, etc. A veces, somos nosotros quienes preferimos negarnos la libertad, hacer lo que nos mandan, aceptar los patrones de conducta para los que hemos sido aleccionados, sin asumir que también los elegimos. Hacer lo que se espera que hagamos es más fácil que separarse del camino impuesto, pero es también una decisión.

Llegar a ser personas autónomas es la compleja tarea de vivir manejando el timón: "Dejar de ser náufragos y convertirnos en navegantes", dirá José Antonio Marina en *Ética para náufragos*. Esto es una decisión, una elección individual, de mujeres y de hombres, pero no resulta un camino de rosas para nadie. La elección de buscar el propio camino de autorrealización, el de llegar a ser la persona singular y diferente que soy, nunca ha sido fácil. Hoy, elegir la autonomía resulta un trabajo más arduo que nunca debido a que estamos sometidos y esclavizados a formas de alienación cada vez más opresoras a través de la socialización externa a la familia por medios tecnológicos y audiovisuales. A pesar de que el reconocimiento de la igualdad y los logros conseguidos desde él se encaminan a brindarnos a todos esa posibilidad –todavía a unas personas más que a otras pues existen aún grandes desigualdades–, nos cuesta vernos como sujetos de acción y decisión, dueños directores de nuestras vidas.

Vivimos en un mundo engañoso que nos bombardea con toda clase de estímulos que nos distraen de lo que somos y de lo que queremos. Nuestra educación es una especie de doma que nos indica, con todo tipo de patrones e ideales sociales, lo que debemos ser. Ideales de feminidad y masculinidad rígidos siguen presionando a mujeres y hombres, limitándonos nuestros desarrollos personales. Tenemos miedo de no ser como el resto, de no amoldarnos a la norma, de no ser como se espera que seamos. Los moldes que la sociedad nos proporciona para ahorrarnos el trabajo de formar nuestro propio carácter son muy reducidos y nos obligan a la repetición de pautas siempre idénticas, anulando nuestra creatividad, nuestro desenvolvimiento expansivo e individual.

Descubrir la libertad que nos pertenece y define, reconocerla y hacernos cargo de ella, es iniciar el proceso consciente de liberarnos de todos los condicionamientos psicosociales que nos alienan y no nos dejan ser. Es descubrir que podemos desarrollarnos en todas direcciones según nuestras capacidades y aspiraciones y que podemos vivir creando inteligentemente nuestra vida y a nosotros mismos. Es emplear todas nuestras potencialidades y atrevernos a ser en nuestra singularidad. Porque, como decía John Stuart Mill en su ensayo *Sobre la libertad*, "el que deja al mundo elegir por él su plan de vida no necesita ninguna facultad más que la imitación propia de los monos; el que elige por sí su plan, emplea todas sus facultades". Éste no imita sino que crea. Crea su propia vida y se crea su propio carácter.

Libertad como liberación

Optar por la autonomía, reconocerse como sujeto capaz de controlar y dirigir la propia existencia, de ser protagonista de la trama de su biografía, es llegar a ser la persona particular que uno es. Éste es el sentido, tan nombrado y deseado, de la autorrealización personal. "El objetivo de la vida de una persona es ser la persona que realmente es", decía Kierkegaard. Aunque esto parezca una evidencia no lo es, pues con frecuencia las personas no son aquello que realmente son, sino que siguen otros caminos. El filósofo griego Diógenes decía, cuando caminaba por Atenas, que veía mucha gente pero muy pocas personas.

Puesto que todas las personas somos diferentes, el único camino para ser persona, para la autorrealización, es permitirme ser auténticamente quien soy, concederme la libertad de *ser quien soy* y dejar de exigirme ser el que los demás quieren que sea. Se trata de tomar conciencia de que soy un ser único, singular, diferente y permitirme serlo. Permitirme pensar lo que pienso, sentir lo que siento, buscar lo que creo que me conviene y me hará feliz independientemente del sexo, sin esperar que nadie me diga lo que tengo que sentir, pensar o buscar. Permitirme también el derecho a equivocarme, asumiendo el riesgo y la responsabilidad de mis actos y sus consecuencias. Hay que atreverse, atreverme a buscar lo que quiero y a hacer lo que quiero, atreverme a ser quien soy, a ser la persona diferente que soy. Exige valentía, coraje. Lo fácil es ajustarse a un molde ya dado, hacer lo que todo el mundo hace, aunque vaya contra nosotros mismos, aunque anule nuestro ser. Exige también voluntad. Llegar a realizarse a sí mismo como la persona que soy es expresión de libertad, es una construcción que me propongo, una obra de arte que exige, además de ingenio, esfuerzo, confianza y creatividad, una responsabilidad y un compromiso. Es nuestra principal responsabilidad moral, nuestro principal compromiso moral. "Ser quien soy" no es más que "ser quien quiero ser".

Para muchas filosofías y teorías éticas, la autorrealización es un ideal de felicidad: uno es feliz cuando se realiza a sí mismo, cuando llega a ser quien es. Es un proceso que no acaba nunca, se prolonga a lo largo de la vida de una persona, pero le permite crecer y superarse. Como se verá, el concepto de autorrealización, como el de felicidad, se refieren a un proyecto individual que se fundamenta en la libertad de cada persona. El sujeto buscará su felicidad *si quiere* y se realizará *como quiera*. Cada persona debe averiguar cuál debe ser su peculiar modo de vivir bien y esforzarse en conseguirlo. "Ser quien soy", "hacer lo que quiera", no es más que un desenvolvimiento de sí, de la individualidad, que se plasmará en la diversidad y variedad humana dentro de una sociedad.

Este ideal de felicidad como autorrealización proviene del pensamiento griego y de la tradición platónica-cristiana. Sin embargo, es recurrente en otras filosofías modernas, como es el racionalismo de Spinoza en el siglo XVII. Spinoza pensaba que cada uno de nosotros es una fuerza o potencia diferente a las demás que lo único que busca es crecer, expandirse más y más. Pero lo que a una persona le hace crecer, a otra puede hacerle disminuir. Hay personas, cosas y situaciones cuyo contacto o proximidad hacen crecer la fuerza o potencia que yo soy; éstas son las cosas que me convienen, aunque no convengan a otra persona. En cambio, hay cosas, personas y situaciones que no me convienen porque disminuyen la potencia de vida que yo soy. La clave de la felicidad está, decía Spinoza, en dar con aquello que me hace crecer, que me engrandece para llegar a ser yo mismo y en evitar aquello otro que me empequeñece porque me aleja de mi meta, que es llegar a ser yo. No somos robots que obedecen automáticamente según patrones fijos, somos seres vivos únicos que crecen en muy diversas direcciones.

La clave de la felicidad como autorrealización y desenvolvimiento es "ser libremente", ser uno mismo de forma auténtica. Este modo de entender la libertad como ser quien realmente soy, atreverme a ser en mi singularidad, hacer lo que realmente quiera, es el sentido de la libertad que postulan filosofías de los siglos XIX y XX, como el vitalismo de Nieztche, el individualismo de John Stuart Mill, el existencialismo de Heidegger, de Sartre, de Simone de Beauvoir o el racio-vitalismo de Ortega y Gasset y corrientes de la psicología humanista (Fromm, Maslow, Rogers). Este ideal se universaliza en la medida en que se reconoce el derecho universal de las personas a buscar su autonomía. Todas estas filosofías entienden la vida humana, la existencia, como un proceso en el que el individuo se hace dueño de sí y se crea a sí mismo procurando la realización de las propias posibilidades, capacidades y talentos.

Este modo de entender la libertad y la felicidad como autorrealización requiere tener conciencia, darse cuenta de uno mismo. Y es aquí donde nuestra sociedad nos lo pone difícil porque nos conduce insistentemente a la alienación. En la sociedad tan compleja en la que vivimos existen diversos mecanismos para desposeer a las personas de sí mismas, convirtiéndolas en seres alienados. Muchos hábitos de nuestra sociedad de consumo conducen a la inconsciencia o a la semiconsciencia, a alejarnos de nosotros mismos, a privarnos de nuestras iniciativas, a la alienación. El medio social invade nuestras conciencias con miles de estímulos e informaciones que nos distraen y nos desorientan, llevándonos a la pérdida de nosotros mismos. Nos vamos quedando cada vez más ciegos y desde esta ceguera no podemos caminar con libertad. Mediante un proceso de *despersonalización*, de *cosificación*, las personas pierden conciencia, dejando de ser sujetos dueños de sí para convertirse en cosas o seres manipulables. Digamos que, en este estado de alienación, dejamos de ser el timonel de nuestra vida y ponemos el piloto automático o nos dejamos navegar a la deriva.

La incitación al consumo propia de nuestra sociedad conduce a confundir ser y tener, de tal forma que se entiende la felicidad como un poseer más y más. Dedicamos la vida al consumo de objetos innecesarios y a trabajar para obtener el dinero imprescindible para la compra de los mismos. Aunque sabemos perfectamente que el dinero no da la felicidad, que "los ricos también lloran", este tener es el ideal de felicidad que transmite la sociedad de consumo actual y al que nos agarramos con frecuencia en una especie de espejismo. Los lujos y comodidades aparentemente nos permiten bienestar, pero no un bien vivir. La autorrealización no tiene que ver con el tener sino con el ser, ser yo, el ser único y singular que soy.

Otro modo de alienación de nuestras conciencias, propio de la sociedad actual, es la ocupación de nuestro tiempo de ocio con toda una industria de la distracción y la diversión. Se extiende en nuestra cultura un malentendido hedonismo que confunde un determinado tipo de placeres con la felicidad, al que se suma una idea de libertad como desinhibición y como satisfacción rápida de todos los deseos e impulsos sin ningún tipo de restricción. El placer se busca de forma rápida e ilimitada, en un sentido cuantitativo, sin selección ninguna, lo que no nos lleva más que a la inconsciencia. La sociedad actual incita al deseo sin límites, pues hay que desear para consumir. El control de mis impulsos (autocontrol) se entiende así como represión y pérdida de libertad, incluso aunque estos impulsos resulten peligrosos para mí o para la comunidad. Se busca la inconsciencia para divertirse y hacer soportable una vida de la que ya no somos dueños. Así, se incita al consumo de diversos tipos de drogas como única forma de diversión o se generan formas de comportamiento adictivo para ocupar el tiempo de ocio: al juego, al trabajo, al fútbol, a la comida, a las compras, al sexo. Con esta forma de entender la felicidad y la libertad, que conduce a la impaciente y ansiosa satisfacción de todo deseo, a conductas compulsivas y adicciones diversas, asistimos a un proceso de embrutecimiento en el que el ser humano se despersonaliza y pierde conciencia de sí. El resultado de una sociedad que valora este malentendido hedonismo y esta errónea idea de libertad es la violencia, como el medio más seguro y rápido de conseguir todo cuanto deseo.

Pero la droga por excelencia de nuestra sociedad de consumo, la que produce la mayor alienación, es la televisión y el contenido basura que transmite. Ésta sí que crea adicción y nos entretiene y divierte vaciando nuestras conciencias. Publicidad engañosa que nos crea necesidades y nos conduce al consumo de los productos más absurdos, seriales de vidas irreales e increíbles, personajes que experimentan y consiguen todo sin dificultad, cotilleo y reality show, modelos e ideales de hombres y de mujeres limitados y limitadores e informaciones manipuladas conforman un conglomerado que lleva a muchas personas, si no a creer que esa es la realidad, sí a interiorizar ideales de vida de modelos ajenos. El ideal de belleza física que presenta este y otros medios audiovisuales, que presionan como sabemos de forma más agresiva a las mujeres, está llevando a un culto al cuerpo que nos separa de nuestra interioridad.

La avalancha de estímulos a la que nos somete esta sociedad ha llegado a lo más alto con el desarrollo de la tecnología para el ocio: videojuegos, Internet, maquinitas electrónicas y el omnipresente móvil. Ya tenemos prácticamente todo nuestro tiempo ocupado con diversas formas de entretenimiento que nos desconectan de nuestras verdaderas necesidades y disminuyen nuestra capacidad de autoobservación y reflexión, nuestra conciencia. Hasta han colonizado las estaciones del metro con pantallas gigantes para que no nos aburramos en los andenes mientras esperamos el tren. No nos dejan ni un solo momento para el silencio, para la interiorización, para estar con nosotros mismos.

En esta sociedad que nos invita a la alienación y al embrutecimiento, tomar conciencia de quiénes somos y qué queremos, resulta una ingente tarea. En este medio tan hostil y agresivo para el desarrollo personal consciente es fácil optar por la negación de la libertad por miedo y preferir creernos esclavos de las circunstancias. Conseguida esta alienación en la que el individuo pierde la conciencia de sí mismo como sujeto, resulta difícil verse o considerarse persona, singular y diferente. Esto nos aleja demasiado del mundo que nos rodea. El sujeto intenta pertenecer al sistema adaptándose a comportamientos uniformes y homogéneos que se acoplan a los esquemas culturales vigentes entre los que se encuentran los modelos de género, renunciando a su individualidad. A través de los medios de comunicación se le incita a ello, a uniformar conductas y modos de expresión, a desindividualizarse. Ya decía J.S. Mill que "la tiranía de la opinión y forma de vida de la masa lleva al miedo a la censura hostil o al rechazo, y a huir de la singularidad como si fuera un crimen" y así "el despotismo de la costumbre encadena el alma". Pero este despotismo que nos encadena se ha hecho infinitamente mayor en el siglo XX con la irrupción en la vida social de los medios audiovisuales y las nuevas tecnologías.

Nuestro modelado desde la infancia, a través de la socialización externa a la familia, convierte nuestros condicionamientos psicosociales en auténticas formas de alienación. Por eso, hoy más que nunca, la búsqueda de libertad y autorrealización es un proceso de liberación. Liberación de todo aquello que limita nuestra autonomía y nuestra capacidad de decidir, de todo lo que no nos deja desarrollarnos como personas, de todas las máscaras y disfraces que nos ponemos para ser lo que debemos ser. Para ser libremente quien soy primero es necesario liberarnos conscientemente de todo aquello que nos esclaviza y condiciona, de todo lo que nos reduce, nos cosifica, nos embrutece, nos aliena. De este modo, construir nuestra vida no es sólo un proceso de aprendizaje sino también la tarea complicada de desaprender todo aquello que nos limita y condiciona. Es elegir el camino de desandar, de desenredar la tela o los velos en los que la sociedad nos ha encerrado y que no nos dejan ver. Es un proceso de descubrimiento, de desvelamiento que se consigue gradualmente. Esta libertad que se conquista, que es cuestión de grados, es liberación. Si queremos tomar las riendas de nuestras vidas y poder llevar a cabo nuestros proyectos de felicidad, es preciso empezar por proponernos individualmente esta liberación.

Entre nuestros condicionamientos psicosociales y formas de alienación, el de género es uno de los más influyentes en nuestro desarrollo personal. La ideología patriarcal ancestral que condiciona nuestra forma de percibir el mundo y a nosotros mismos, adquiere un nuevo poder a través de los medios de comunicación y se constituye en una forma de alienación más. Tomar conciencia de su opresión se hace necesario para nuestra propia liberación. Nuestro comportamiento, nuestro pensamiento, están muy condicionados por la alienación de género que representa la jerarquía patriarcal. Incluso nuestros sentimientos están relacionados con el género y acuñados por la sociedad de tal forma que a menudo nos vemos desconectados de nuestro auténtico sentir. De todo este entramado que condiciona y limita nuestros pensamientos, sentimientos y acciones convendría tomar conciencia y liberarnos, tanto mujeres como hombres, si queremos conseguir la autonomía desde la que proyectar nuestra vida.

© narcea s. a. de ediciones

En la nueva sociedad en transformación en la que nos encontramos tienen todavía mucho peso los modelos tradicionales que presionan contra nuestro desarrollo personal completo y autónomo. En ella, además, se fabrican e imponen nuevos ideales de mujeres y hombres, ideales de feminidad y masculinidad, que también nos alejan de nuestro propio ser y a los que también hemos de estar atentos para que no nos limiten y esclavicen. Es más, a estos nuevos ideales que la sociedad fabrica y transmite es necesario prestar mayor atención, porque aparecen disfrazados con tintes de libertad.

La liberación de la mujer

La situación de insatisfacción e injusticia de las mujeres comenzó a cambiar en el momento en que como colectivo tomaron conciencia de esta discriminación y empezaron a rebelarse ante ella. Al cuestionar los roles de género impuestos, emprendían el camino de su autonomía.

Liberadas de las cadenas que suponían para ellas las leyes opresoras y discriminatorias, logrado el voto y el reconocimiento jurídico de la igualdad, parecía que el movimiento feminista carecía ya de sentido. Sin embargo, como vimos, hacia 1960-1970 las mujeres se dan cuenta de que siguen oprimidas. Descubren que han estado y siguen estando sometidas a la tiranía de una ideología patriarcal que domina sus conciencias con el ideal de lo que es "ser mujer" –madre, esposa– y que soportan un dominio y explotación en el espacio privado que era aún protegido por las leyes. Esta toma de conciencia de los mecanismos culturales y socio-económicos de la opresión del patriarcado abrió a las mujeres nuevos caminos de liberación. Conseguir la igualdad de derechos era un paso necesario para que tomaran conciencia de su libertad como liberación.

Empieza a entenderse la liberación de la mujer como un liberarse de ideas caducas que las reprimían y lograr una independencia económica que les permitiera una realización personal. Aparece en este momento la idea de la emancipación de las mujeres por medio de su incorporación laboral y la idea de su liberación sexual como una forma de control sobre su propio cuerpo y la superación de la carga represora que suponían para ellas los prejuicios sobre su sexualidad: libertad sexual e independencia económica para conseguir la autorrealización personal. El empleo remunerado se convertía en el ideal de las mujeres para conseguir su realización como personas. Aparece la tendencia a imitar patrones masculinos de comportamiento porque las mujeres carecían de modelos propios. Liberación de la mujer se entiende entonces como igualdad al varón, ser como ellos: trabajar como ellos, adquirir hábitos masculinos, hablar como ellos, vestir como ellos, etc. La liberación femenina se confunde de forma muy extendida con masculinización.

La incorporación laboral de las mujeres pronto les muestra que con ella consiguen su independencia económica, pero no su felicidad ni autonomía, pues, al no haberse liberado del trabajo doméstico, no logran un desarrollo personal individual. A la idea de emancipación de la mujer mediante la incorporación laboral se une entonces la de liberación de las cargas domésticas. La liberación de la mujer se entendía como el trabajar fuera del hogar (no importa en qué ni cómo) y como un negarse a hacer las tareas en la unidad doméstica. Pero las mujeres no han conseguido la liberación de las tareas domésticas debido fundamentalmente a sus condicionamientos psicológicos y a los de los varones, y su incorporación laboral, sin una reeducación de los varones y de ellas mismas ha instaurado la doble jornada, abocándolas a un conflicto permanente en su relación de pareja y consigo mismas.

Es indudable que hoy la situación de las mujeres en Occidente es mejor que la de momentos anteriores en la historia. De hecho, ninguna de nosotras querría vivir en otras épocas históricas ni en otras sociedades donde las mujeres no gozaban ni gozan de mínimas posibilidades para su realización personal. En este sentido las mujeres occidentales somos privilegiadas. Sin embargo, nos sentimos decepcionadas con las expectativas que se nos abrían con la llamada liberación de la mujer. Las mujeres –algunas– han alcanzado la liberación económica, laboral, social y sexual, pero no se sienten satisfechas ni creen haber alcanzado su verdadera autonomía. No nos sentimos liberadas. "La mujer liberada no existe", dirá Carmen Alborch en *Malas*. ¿Qué nos queda a las mujeres? ¿De qué tenemos que liberarnos?

Las mujeres nos sentimos prisioneras del patriarcado, de una herencia cultural que desprecia lo femenino y de una socialización interesada que nos empuja a la dependencia de un varón. Todas estas cadenas psicosociales generan en las mujeres una baja autoestima y una falta de confianza en sí mismas a pesar de la formación, el empleo remunerado y de su protagonismo en todos los espacios de la vida pública. Su autoestima está lesionada por siglos de menosprecio y sometimiento. Las mujeres quieren ser personas autónomas, dueñas de sus vidas, pero que ello no implique perder su identidad de mujer. Para conseguir la autonomía, nos queda la liberación más importante: la liberación psicosocial. Liberación también necesaria para los varones. Las mujeres tenemos que liberarnos de la interiorización psicológica de nuestra inferioridad, como los varones tienen que liberarse de la interiorización de su superioridad. Ambos, mujeres y hombres, tenemos que liberarnos de la forma masculina de interpretar y valorar el mundo. Pero las mujeres debemos liberarnos, además, de ideales malentendidos de liberación.

Imitando el modelo masculino, la mujer no consigue más que separarse de sí misma y sigue dependiendo del varón, pues quien imita mantiene la posición de inferioridad y dependencia del modelo imitado. Volver a sí misma tampoco puede entenderse como acoplarse a los ideales de feminidad clásicos que se nos transmiten en un medio social que perpetúa el sexismo y la desigualdad. Estos ideales convierten a la mujer en objeto erótico y sacrificada madre sin desvincularla de su dependencia del varón y le hacen difícil un desarrollo personal autónomo. Las mujeres tenemos que descubrir una nueva forma de ser mujer que nos permita ser nosotras mismas, independientes del varón y de los valores masculinos.

La liberación de la mujer hoy es independizarse psicológicamente del varón, renunciando a ver en él la figura de padre protector como aquel que, no sólo protege y da seguridad, sino que además evalúa y valora los propios logros y es el modelo a imitar, quien dicta la norma a seguir (incluido el ideal de belleza). Es descubrir que el mundo no es masculino, y aprender a verse a sí misma con independencia de la mirada masculina. Para ello la mujer ha de recuperar, revalorizar y aceptar actitudes y rasgos femeninos de su carácter, sin caer en la sumisión ni en la dependencia y ha de desarrollarlos en combinación con otros rasgos propios, antes considerados sólo masculinos, para poder ser plenamente y en libertad.

Este modo de liberación exige mucho esfuerzo y no todas las mujeres pueden o están dispuestas a emprender el camino. Hay que hacer ciertas renuncias y empeñarse en fortalecerse para adquirir el poder de decidir responsablemente. Recuperar la condición de sujeto con identidad propia es un camino que exige rebeldía individual. Empezar por renunciar al plagio de modelos ajenos y fortalecer el yo recuperando la confianza en nosotras mismas y en nuestro propio poder de transformación. Es sólo desde nuestra autoconciencia como sujetos con identidad propia y desde nuestra autovaloración como mujeres desde donde podemos ser protagonistas de nuestras vidas y promover cambios sociales. Aunque, por supuesto, luchemos contra la injusticia del sexismo que padecemos, no se trata de instalarse en una queja pasiva o atraparse y desgastarse en ella. Se trata de no negarse el auténtico desarrollo individual y dejar de intentar ajustarse a roles de género castradores, tanto antiguos como modernos. Pero la liberación es una liberación personal, para quien la desee.

Para la liberación de los condicionamientos de género psicosociales, ambos, mujeres y hombres, hemos de partir de un trabajo introspectivo, de un autoanálisis y reflexión de nosotros mismos. Es preciso deconstruir todo un sistema y forma de pensamiento que ambos hemos interiorizado. Pero las mujeres tenemos que saber que nuestra situación de partida es diferente y deficiente respecto a la del varón. Nosotras nos sometemos a las desventajas de la posición de inferioridad que la cultura patriarcal nos ha otorgado históricamente, desventajas que, aunque han sido señaladas en los capítulos anteriores, resumo a continuación:

— *Nuestra autoestima está herida* por una cultura que nos ha despreciado y nos ha convertido en insignificantes históricamente y por una socialización sexista que sigue minusvalorando a la mujer. Hemos interiorizado nuestra inferioridad, lo que repercute en nuestra seguridad y autoestima. A veces, nuestra baja autoestima se ha convertido en una *vergüenza* interiorizada de pertenecer al sexo inferior. Por todo esto tendemos con facilidad a condicionar nuestra autovaloración a la valoración que hagan de nosotras los hombres.

— *Nuestra socialización sigue siendo para la dependencia.* El ideal del príncipe azul y la glorificación de la maternidad siguen estando muy presentes por lo que tendemos a buscar el hombre marido-padre protector instalándonos con frecuencia en la debilidad y la dependencia inconsciente. Nuestra *educación para el cuidado de otros* nos lleva con frecuencia a renunciar a nuestros intereses y deseos personales, por lo que se sigue produciendo una reducción de nuestras oportunidades de desarrollo autónomo.

— *Nuestra cosificación es muy fuerte* pues se nos presiona socialmente desde la infancia para una hiperpreocupación por la belleza física. Esto lo unimos a que tendemos a valorarnos por lo que nos valoren los hombres ("gustan las guapas, no las inteligentes; las sumisas, no las independientes") y nuestra alienación por y para el varón se convierte en un hecho.

— *Tendemos con facilidad a entender la liberación como "ser como ellos",* lo que nos lleva a representar de forma inconsciente el rol opuesto, el masculino, separándonos de nosotras, de nuestros deseos, gustos, preferencias y minusvalorando toda una rica herencia femenina que significa una desvalorización de nosotras mismas.

¡Mujeres, atención! Nosotras tenemos que escalar con mayor coste: nuestro esfuerzo incluye, no sólo una lucha constante contra la discriminación, sino una revalorización de la mujer y de lo femenino, de nosotras mismas. Esto no significa tomar la revancha contra los hombres o lo masculino, sino ser conscientes de que para nosotras empeñarnos en la autonomía supone superar una herencia cultural compleja y pesada que nos condena y culpabiliza por el simple hecho de desear la libertad. A esta carga no se enfrentan los varones.

Caminos de realización personal y nuevos roles de género

A medida que se han ido produciendo transformaciones en las mujeres, los hombres han empezado a descubrir la necesidad de un cambio en ellos y a querer desarrollar una parte de sí mismos que tradicionalmente el patriarcado les ha reprimido. Cada conquista de las mujeres en su camino hacia la igualdad y la libertad ha sido como un espejo en donde los varones han podido mirarse y ha supuesto para ellos redescubrir su propia libertad, alejándose también del patriarcado. Los hombres están descubriendo las cadenas de su rol de género, a medida que ven a las mujeres liberarse del suyo.

La emancipación de la mujer está abriendo nuevos caminos de liberación para el hombre, permitiendo que se libere de ser el sostén económico de la familia, que deje de ser necesariamente el cabeza de familia en cuanto a decisiones, que pueda desarrollar actitudes y comportamientos que antes se le negaban (sensibilidad, ternura, paternidad comprometida, etc.) y que pueda dejar de simular valentía y autosuficiencia. Los varones se están dando cuenta de que también sufren el patriarcado, pues la educación les impide una construcción integral como personas: aunque en nuestra sociedad el desarrollo emocional y para la comunicación afectiva resulta a todos costoso debido a que la educación formal es fundamentalmente racional, lo es más para los varones, por una escasa socialización para el cuidado de otros y por el ideal de masculinidad que siguen interiorizando, asociado al valor, el dominio, el éxito, la agresividad, que vincula la virilidad y la hombría a la violencia. A medida que se va desmoronando la idea de feminidad impuesta por el orden patriarcal y las mujeres vamos descubriendo otra forma de ser mujer, van apareciendo nuevas masculinidades, otras formas de entender la masculinidad, que incluyen rasgos antes considerados exclusivamente femeninos.

El modelo masculino, sin embargo, no está cambiando al mismo ritmo que el femenino y, de esto, es preciso darse cuenta. El proceso de emancipación de las mujeres ha sido y sigue siendo a costa de otras mujeres. En España, madres amas de casa de anteriores generaciones se han ocupado del cuidado de sus nietos y de ayudar en el espacio doméstico a sus hijas, nueva generación que se ha insertado en el mundo laboral. El crecimiento económico de la clase media ha dado lugar a que muchos hogares recurran a mano de obra externa a la familia para los trabajos domésticos, mano de obra también femenina. El proceso de feminización de la inmigración en España hay que entenderlo en relación al aumento de la demanda en el servicio doméstico, que ha sido propiciado por la incorporación de la mujer al mundo laboral. Si bien esta mano de obra inmigrante y femenina facilita a la mujer española su promoción social y profesional, refuerza la familia nuclear y el

---

[1] En varios artículos he mostrado el proceso de feminización de la inmigración en Madrid en relación al proceso de emancipación de la mujer española, analizando sus consecuencias socioeconómicas (ver Bibliografía 1997 y 1998).

papel del varón en ella como miembro privilegiado: la no participación masculina en las tareas del hogar prevalece y la mujer tiende a compartir éstas con otra mujer externa a la familia, en este
caso extranjera[1]. Esto no ayuda al cambio del modelo masculino,
sino todo lo contrario, contribuye a que se reproduzca. El rol masculino no se transformará hasta que no se valore socialmente el
mundo privado, la afectividad y el cuidado de otros. Es imprescindible una valoración social que haga posible una educación emocional en los varones y el avance en los mecanismos de concilia-
ción familiar, que permita a éstos integrarse satisfactoriamente en
la vida privada.

A pesar de que existen fuertes resistencias a que el varón se libere del arquetipo de género tradicional, pues la sociedad es aún a su
medida, muchos hombres están descubriendo la opresión del rol
de "macho" y se están atreviendo a liberarse de él. Aunque todavía no son mayoría, hay cada vez más hombres sensibilizados con
la crisis de los modelos masculinos tradicionales, que se plantean
la necesidad del cambio en todos los espacios de convivencia,
tanto en lo público, como en lo privado y lo personal, convirtiéndose en activos partícipes en el camino hacia la igualdad.

No olvidemos que a las mujeres nos es más fácil que a los varones ver y denunciar el sexismo, y rebelarnos contra él porque lo
padecemos a diario. Aún así, este descubrimiento resulta doloroso
y costoso, tanto como el asumir nuestra parte de responsabilidad en
él. Los varones cargan con una ceguera mayor en relación a la alienación de género, pues no les es tan fácil tomar conciencia del
sexismo al no ser su rol el discriminado: por un lado son conscientes de que los papeles tradicionales les niegan su desarrollo personal en diferentes facetas, pero con los nuevos roles de género pierden poder. Esto explica que, en muchos casos, se resistan a ver, e
incluso que, por su inseguridad ante la nueva posición de las mujeres, construyan sus barreras defensivas. Desde luego, aunque sean
conscientes y no desarrollen mecanismos de defensa personales, es
un hecho que les cuesta denunciar, pues a menudo lo viven como

asumir una culpa o como echar piedras contra su propio tejado. No obstante, ver y denunciar este sexismo, aunque también resulte costoso y doloroso para ellos, es igualmente su responsabilidad y es un paso necesario, no sólo para el respeto de la libertad de las mujeres, sino para su propia liberación.

Es necesario que tanto mujeres como hombres pretendan la toma de conciencia de los mecanismos opresores del patriarcado para que sea posible su liberación. Liberación de los condicionamientos de género a los que el medio social nos somete y de las ideas de feminidad y masculinidad impuestas porque éstas, además de reproducir la desigualdad, resultan limitadoras para ambos sexos.

Iniciando este proceso de liberación de las imposiciones de género, hombres y mujeres podemos descubrir que las personas somos seres completos en los que se dan y se combinan cualidades tanto "femeninas" como "masculinas". La educación en los roles de género tradicionales llevan a inhibir o a favorecer, a reprimir o a fomentar en nosotros ciertos hábitos y actitudes según género, no dejándonos desarrollar de acuerdo a nuestras propias capacidades y deseos. La idea o mito de la feminidad y de la masculinidad, como moldes polarizados a los que debemos ajustarnos, son barreras para nuestro completo desarrollo personal. Nos conducen a un desarrollo descompensado y desequilibrado, reduciéndonos y esclavizándonos sin dejar que aflore nuestra singularidad. Este desequilibrio ha producido auténticas subculturas reforzadas por los estereotipos sociales y desórdenes psicológicos en hombres y mujeres que dificultan su desarrollo autónomo y su comunicación.

Desde esta carencia y falta de autonomía, mujeres y hombres estamos impedidos para expresar con libertad nuestra auténtica feminidad o masculinidad. Por eso, el camino de liberación de mujeres y de hombres es hoy descubrir que los roles de género bipolares y rígidamente estereotipados, no sólo resultan discriminatorios para las mujeres, sino que no nos permiten, ni a hombres ni a mujeres, un desarrollo personal pleno. Revalorizar lo femenino e integrarlo y armonizarlo en nosotros mismos y en la cultura y cuestionar el principio masculino de poder y dominio como normativo, propio de la sociedad patriarcal, es algo que tanto mujeres como hombres están llevando a cabo en la medida en que eligen el camino de su propia liberación.

Estamos experimentando que los roles de género están cambiando y con ellos están apareciendo nuevas formas de entender la masculinidad y la feminidad. Un varón puede ser él y mostrar la sensibilidad y ternura que realmente siente, sin tener que simular agresividad, valentía y dureza para ser considerado masculino. Una mujer puede ser ella y mostrar sus inquietudes, deseos, opiniones con fuerza y decisiones contundentes, sin tener que sentirse menos femenina por ello.

Exteriorizar la tristeza, mostrar el miedo, la debilidad, es muy sano para el desarrollo personal de cualquiera, pero, como sabemos, ha sido y sigue siendo especialmente reprimido en los varones. Al reprimir esta "parte femenina" por condicionamiento de género, los varones castran una parte de sí mismos. La virilidad masculina no se ve amenazada por abandonar las actitudes violentas e incorporar otras más femeninas, como la preocupación por el otro, el cuidado y la ternura. Aprender a dar y a recibir es aprender a amar y esto es muy humano, no específico de las mujeres.

Reconocer nuestros talentos y hacerlos fructificar, defender con fuerza nuestras opiniones y proyectos, a menudo se ha interpretado como agresividad y competitividad en las mujeres, condenándonos por ello. Pero también nos esterilizamos si inhibimos esta "parte masculina" en nosotras. Están apareciendo nuevas formas de entender y expresar la feminidad superando la sumisión y la dependencia y desarrollando una fuerza originaria en las mujeres sin caer en su masculinización. Las mujeres pueden forjar su existencia por sí mismas sin necesidad de hacerlo como un hombre. Desarrollar actitudes tradicionalmente masculinas, como la independencia, la eficacia, el riesgo, la valentía, no significa renunciar al apego y al conocimiento intuitivo, pero tampoco significa imitar la dureza masculina.

El apego es humano, la agresividad también. Ni una falta absoluta de agresividad que imposibilite una mínima afirmación de sí, ni un excesivo darse a otros que lleve al olvido de sí, es positivo para un desarrollo personal autónomo. Tomar conciencia de que estos rasgos nos pertenecen a todos, que no son excluyentes entre sí, ni exclusivos de las personas según su sexo, es importante para acabar con idealizaciones o devaluaciones de la mujer o del hombre.

El movimiento pendular hacia la valoración de lo masculino o lo femenino no nos permite encontrar el equilibrio necesario para construir una sociedad en la que la igualdad sea posible. Superado el miedo a que la igualdad se confunda con uniformidad u homogeneización hacia lo masculino y se pierda la identidad femenina, es momento de intentar armonizar estos opuestos a los que se ha denominado lo femenino y lo masculino en todas las personas, a fin de que podamos desarrollarnos de forma integrada y en plenitud. Sólo desde este desarrollo armónico podemos alcanzar la autonomía necesaria para diseñar nuestros proyectos de felicidad, con independencia de los ideales heredados del patriarcado.

El género, como una horma bipolar impuesta, dirige a mujeres y a hombres a engañosos ideales de felicidad, muy limitados para ambos. Las ideas de feminidad y masculinidad que transmiten los estereotipados roles de género del patriarcado hacen referencia a ideales de felicidad diferentes para mujeres y hombres, a los que deben aspirar para ser y sentir su identidad sexual. Pero estos ideales limitan a ambos sus posibilidades de realización personal.

Al varón, educado para el trabajo y la competencia en la vida pública, se le invita a que busque la felicidad en el éxito profesional y el reconocimiento social. La búsqueda de este ideal le lleva a poner "su bien" fuera de él (en sus títulos, sus reconocimientos, su sueldo, sus cargos públicos, etc) distanciándole de sí y de su profundo sentir, de su verdadera realización personal. Cada vez hay más mujeres que, imitando el rol masculino, han entrado en este mismo tren de buscar el éxito, olvidándose de sí mismas por sus logros profesionales o económicos. Las mujeres creyeron que, con entrar a formar parte del mundo público a través de un trabajo remunerado y conseguir así su independencia económica, alcanzarían la felicidad, porque se realizarían como personas pero, al incorporarse al empleo hemos entrado, sin percibirlo, en la búsqueda de la felicidad según el modelo masculino, fuera de nosotras mismas.

El proceso de liberación de mujeres y hombres está llevando a ambos a descubrir que el trabajo por el trabajo, no importa cuál ni cómo, no tiene por qué llevar a la autorrealización personal. Por supuesto, el trabajo remunerado es un medio de conseguir dinero para poder vivir, pero cualquier trabajo no es un medio de autorrealización, ni nos conviene a cada uno. Para que el trabajo sea un modo de realización personal ha de permitir desarrollar y expresar las capacidades que hay en cada individuo.

A la mujer, aunque ya no es educada única y exclusivamente para la vida doméstica, se le sigue transmitiendo el ideal de la maternidad como su felicidad. La identificación de maternidad con felicidad oculta la realidad de que muchas mujeres habrán sido felices con su maternidad, pero otras han sido infelices precisamente por ella si ésta les ha impedido un desarrollo personal en otras facetas. Sin una realización personal previa como ser individual, independientemente del hijo o la hija, es muy difícil que la maternidad resulte una forma de autorrealización para las mujeres y que la tarea de socializar y educar a los hijos sea sana y constructiva.

Muchas madres que han centrado su realización personal en la maternidad y han sacrificado otros intereses e inquietudes personales por ella, han buscado en la vida de sus hijos el sentido de su existencia, siendo madres posesivas y castradoras que no les han dejado un desarrollo libre y personal. Hemos visto que la mujer, por su educación para el cuidado de otros, se ve muy presionada por la idea de "ser mala" (especialmente, mala madre) si se ocupa de su desarrollo personal. Pero la mujer sólo podrá ser buena cuidadora en la medida en que se cuide a sí misma, en la medida en que aprenda a ser egoísta en este sentido. Ni hombres ni mujeres pueden amar a otros si no se aman previamente a sí mismos. Si no es así, este ideal, no sólo choca con su nueva posición como participante de la vida social, generando en ella múltiples conflictos por su incompatibilidad, sino que, como el ideal de felicidad del varón, sitúa su bien en algo externo y diferente a ella (en este caso un hijo o una hija).

El proceso de liberación de la mujer propició un fenómeno novedoso en la historia: que las mujeres pudieran elegir ser madres o no serlo. Las mujeres están descubriendo que tener hijos es una opción, no una obligación, es una posibilidad entre otras. Como toda decisión, entraña no sólo el deseo sino también una consideración, una valoración, una reflexión y una responsabilidad. Tener un hijo es una de las decisiones más trascendentales en la vida de cualquier persona, no se puede tener simplemente porque nos han dicho que hay que tenerlo. Las mujeres, en la medida en que son más libres y autónomas, están decidiendo con responsabilidad la maternidad como una opción y deciden también cuándo es más conveniente en su desarrollo vital. Pueden también hoy decidir qué tipo de maternidad quieren desempeñar olvidándose de la mitificada "buena madre" sacrificada y sin vida propia. Los modelos emergentes de género y las nuevas formas de familia que están apareciendo están haciendo posible otras formas de educación y cuidado de los hijos más enriquecedoras para éstos. La maternidad puede ser compartida con el varón o ejercida exclusivamente por éste porque está apareciendo un rol de paternidad con unos compromisos impensables para anteriores generaciones. Nuevas maternidades y nuevas paternidades están emergiendo con las nuevas y variadas formas de entender, vivir y expresar la feminidad y la masculinidad.

Liberarse de los condicionamientos de género y procurar un desarrollo más global permite a hombres y mujeres diseñar sus propios ideales de felicidad más allá de la maternidad o del trabajo remunerado. Liberarse de la alienación de género hace posible que hombres y mujeres descubramos que ambas tareas, si no forman parte del sentido de nuestras vidas y son expresión de nosotros mismos de tal forma que nos produzcan satisfacción y goce, no nos conducen a la felicidad. Aparecen así diversos modos de autorrealización más completos para las personas, al poder integrar en sus caminos vitales aspiraciones antes consideradas sólo masculinas o sólo femeninas, que no son sino nuevas y diversas formas de expresar el género.

Las posibilidades que se abren a hombres y a mujeres en cuanto a la búsqueda de su propia felicidad se apoyan en la conquista de su autonomía, sólo posible desde su deseo individual y desde el reconocimiento social del derecho de todos a conseguirla. Nuestros avances en el camino de la igualdad amplían y diversifican las opciones de autorrealización y hacen factible a un mayor número de personas la búsqueda personal de su felicidad, pero ésta ha de buscarse individualmente, desde nuestra autonomía, en un proceso creativo único, sólo posible desde un desarrollo integrado de todo nuestro ilimitado potencial.

Si pretendemos nuestra autonomía, hemos de ser capaces de reconocernos como sujetos libres y esto es ser capaces de autopercibirnos como seres completos en los que se integren diferentes elementos corporales y psíquicos (intelectuales, emocionales, intuitivos), porque sólo podemos dirigir la acción desde la armonización y el equilibrio de todo lo que somos. Esto sólo es posible en una sociedad donde exista una igualdad real que permita un desarrollo pleno y equilibrado, más humano y libre, tanto para las mujeres como para los hombres.

Conseguir una sociedad en la que se permita a cada individuo, en condiciones de igualdad, la elección de la pauta de conducta más compatible con sus dones, no significa admitir que hombres y mujeres tengan que formarse de acuerdo a una única estructura idéntica para ambos, de modo indiferenciado y aboliendo cualquier expresión de tipo de personalidad que fuera llamada una vez femenina o masculina. Se trata más bien de que las instituciones sociales reconozcan, posibiliten, potencien y favorezcan el desarrollo de las auténticas capacidades individuales de las personas, independientemente de su sexo, valorando el principio femenino tanto para el desarrollo individual como social. Las personas expresaríamos con naturalidad nuestro ser como un armonioso fluir de los opuestos masculino-femenino. La transformación de la sociedad requiere el desarrollo completo de todos sus miembros, como seres humanos, como personas, integrando y valorando en su justa medida sus potencialidades, sean atributos femeninos o masculinos. Esto significaría un beneficio no sólo para los individuos, sino para la sociedad en su conjunto en cuanto que se nutriría de seres felices y satisfechos.

Mujeres y hombres, para poder ser y vivir con autonomía, hemos de sondear bajo la superficie de los roles de género aprendidos y empezar por descubrir y analizar en nuestro interior la creencia en la superioridad masculina e inferioridad femenina que todos y todas hemos interiorizado desde la infancia. Sólo así podremos superarla, liberarnos de ella y rechazarla. Descubrir el "teatro de los roles" es ya tomar conciencia de que éste es sólo eso, un teatro, y que nosotros, como actores y actrices en él, somos algo más que el conjunto de roles que se nos atribuyen. Podemos distanciarnos de estos roles, criticarlos, transformarlos, no tomarlos demasiado en serio, imprimirles nuestro propio estilo personal, sin dejarnos atrapar por ellos. Nuestro comportamiento, al contrario que el de los animales, es elegido, inventado, flexible. Elegimos el rol que queremos representar, realizar, ser, y, como actores y actrices, imprimimos nuestro propio estilo en su representación. Nos identificamos con un género pero éste no tiene por qué imprimir necesariamente rigidez en nuestro comportamiento. Podemos, al actuar, reinventar los roles de género, transformarlos. De este modo, nos transformamos a nosotros mismos y transformamos la sociedad.

Cuestionar el teatro de los roles de género no es más que cuestionar las ideas caducas de masculinidad-feminidad para poder elegir nuestro propio camino vital. Es iniciar de forma consciente el camino de aprender y, a la vez, la vía de desaprender lo aprendido: estar abierto a nuevos aprendizajes y a descubrir y revalorizar lo propio; estar dispuesto también a deconstruir y rechazar toda la herencia patriarcal que hemos interiorizado. Tomar conciencia de la opresión de los ideales de masculinidad y feminidad del patriarcado, tanto mujeres como hombres, es importante para iniciar el camino de liberación de todo aquello que no nos conviene personalmente pero que hemos interiorizado desde la infancia, o para aprender otras actitudes y hábitos que nos han sido negados por nuestro sexo y, sin embargo, nos ayudan a enriquecernos, a crecer y a expresar mejor lo que somos.

La presión social del género sobre el individuo ha sido históricamente más opresora en las mujeres, en cuanto que les ha negado la libertad y el derecho a buscar su autonomía. En unas épocas ha sido mayor que en otras, claro está, y hoy hemos visto que el género se nos presenta como forma de alienación poderosa a través de los medios de comunicación. Sin embargo, según hemos ido avanzando en el reconocimiento de la igualdad entre hombres y mujeres y en la conciencia de libertad, la rigidez de la sociedad ha ido disminuyendo y hemos ido ganando todos y todas en libertades y en capacidad de autorrealización y expresión de nuestras personalidades. La flexibilidad actual de los roles de género en transformación nos permite, más que nunca en la historia, ser quienes somos en nuestra singularidad, y mostrarnos con naturalidad tanto a mujeres como a varones, a pesar de la crisis de identidad que ambos padecemos. La crisis y malestar de los hombres y mujeres de hoy es un signo de que ambos están en proceso de cambio, lo cual no es algo negativo, sino una oportunidad para transformarse hacia una mayor libertad y autonomía.

10. Adenda
—— No estamos solas ni solos ——

Autonomía no es autosuficiencia

Discursos conservadores afirman que caminar hacia la igualdad y contra el patriarcado ha llevado al individualismo, a relaciones de género conflictivas y a la imposibilidad de la relación amorosa, de lo que, desde estos discursos, se culpa al feminismo. El desconcierto y la desorientación llevan a pensar que si mujeres y hombres rompemos con la subordinación ancestral y buscamos la autonomía liberándonos de la presión social y de la costumbre, abrimos el camino de la incomprensión y rivalidad entre los sexos y nos vemos abocados a caminar como héroes y heroínas en soledad.

Estas posturas identifican independencia y autonomía con autosuficiencia. Sin embargo, autonomía no es autosuficiencia. Tomar las riendas de la propia vida significa hacerme dueña de ella, forjándola, viviéndola intencionalmente, renunciando a depender de otro o de otros que me lleven y me traigan, que me arrastren según su voluntad, que me impongan lo que tengo que pensar, sentir o hacer. Renunciar a la dependencia no significa renunciar al placer de compartir, de comunicarme, vincularme, ayudar, solidarizarme, al placer de amar. Elegir una trayectoria propia e independiente no significa que no pueda y desee recorrerla junto a otras personas o compartir con quienes me encuentre en el camino. Pero nuestra vida es nuestra, aunque la compartamos con otras personas. Si no queremos la infantil y enfermiza dependencia que no nos deja ser y elegimos la autonomía, el responsabilizarnos de nosotros mismos, la madurez, tenemos que admitir que forjamos nuestros proyectos y fines desde nuestra individualidad, aunque los podamos y deseemos compartir con otras individualidades.

Ser autónomo, decidir desarrollar nuestra singularidad, no significa soledad, pero significa una nueva forma de entender las relaciones de género más simétricas y, por supuesto, entender la relación amorosa (heterosexual u homosexual) de otra manera más igualitaria. Que esto resulta más complicado y problemático, por supuesto que sí. No nos han educado, ni a mujeres ni a hombres, ni para lograr nuestra autonomía ni para relacionarnos desde ella y ambos llevamos a cuestas la carga de unos condicionamientos psicosociales que nos alienan y no nos dejan desarrollarnos de forma completa. Sin embargo, las mujeres y los hombres que elijan el camino de su autonomía y liberación, están caminando en la misma dirección y pueden colaborar en este viaje.

Lograr nuestra autonomía e individualidad no es incompatible con el amor. Los humanos somos animales que nacemos necesitados del afecto de otros para desarrollarnos y vivir como humanos. El amor forma parte de nuestra naturaleza, no podemos vivir sin amor. Nadie es autosuficiente. Recibimos amor desde el nacimiento, lo necesitamos; necesitamos también dar amor para sentirnos humanos. El amor es así valorado por nuestra propia naturaleza humana.

Sin embargo, confundimos el amor con interesarnos por los demás en perjuicio de nosotros mismos, pues hemos interiorizado una idea falsa del amor como entrega a los otros olvidándonos de nosotros. Sabemos que esta idea del amor como un olvido de sí, presiona especialmente a las mujeres por el condicionamiento de género. El amor a otros no es posible sin un previo amor a uno mismo. Este quererse a sí mismo es necesario para un desarrollo equilibrado y para conseguir la autonomía desde la que poder amar a otros. Para hacerme cargo de mi vida y ser quien soy, tengo que empezar por quererme lo suficiente como para considerar que soy una persona valiosa y merece la pena atreverme a ser quien soy. Este sano egoísmo, que muy a menudo es visto como autosuficiencia o individualismo autosuficiente, es una inclinación legítima y necesaria para proteger nuestra vida y mejorarla, para buscar y procurar nuestro propio bienestar y felicidad, pero, además, es necesario para poder amar a los demás.

El egoísmo entendido como amor propio no sólo no es contrario al amor a otro, a la generosidad, la solidaridad y el altruismo, sino que es la condición básica para que éstas se den de forma auténtica. Lo que nos hace respetar a los demás es el respeto a nosotros mismos, la conciencia de nuestra propia dignidad. Sólo queriéndome, valorándome y dándome permiso para ser yo, teniéndome un respeto, puedo realmente compartir y amar a otros, porque sólo desde ahí soy capaz de elegir libremente dar. Y lo elijo por el placer que me produce. No doy por obligación, por deber, por necesidad, por miedo a que me perciban como mala persona, doy porque quiero. Sólo desde mi independencia, consecuencia de mi pleno desarrollo personal, puedo amar de forma gratuita, sin esperar recompensa. De este modo, el amor a otros empieza por el amor a uno mismo. La individuación, el reconocimiento de mí y de mi felicidad, es un paso necesario para reconocer el nosotros. El amor, la vinculación y la comunicación afectiva, la entrega generosa no desaparecen con la autonomía sino todo lo contrario: a partir de ésta se elevan a un nivel más auténtico.

El amor se hará compatible con la autonomía y la individualidad cuando socialmente se empiece a valorar el cuidado de otros en el desarrollo de todas las personas, tanto de los hombres como de las mujeres. Nuestra sociedad ha distribuido el tiempo y el trabajo de las personas según sexo, dirigiendo las funciones que pueden definirse como *de cuidado* a las mujeres en exclusiva y, a la vez, las ha desvalorizado. El tiempo y el trabajo valorado es el productivo porque es el que da dinero. El otro, el dedicado a la vida privada, a la familia, el dedicado a las relaciones afectivas y amorosas, a la enseñanza y socialización de la infancia, al cuidado de los enfermos y ancianos, el reproductivo, no es ni un trabajo ni un tiempo valioso. Lo que el feminismo actual quiere fomentar es un cambio en esta valoración de la vida pública y privada. La sociedad debe reconocer que el tiempo y el trabajo dedicados al cuidado amoroso y a la educación son valiosos e importantes, tanto para la colectividad como para el propio individuo.

Desde esta nueva valoración, tanto hombres como mujeres hemos de responsabilizarnos de este trabajo si queremos transformar la vida social, superando desigualdades y logrando la convivencia. Independientemente de que sean remuneradas o no estas tareas y el tiempo dedicado a ellas han de ser valoradas y dignificadas porque son realmente importantes para nuestra humanización. Por eso es fundamental que las compartan hombres y mujeres. Además de que se dignifiquen, es necesario que la vida pública y privada no sean mundos separados, sino continuos: que la dedicación gratuita al otro no sea considerada como algo incompatible con otras tareas y trabajos productivos y sea asumida por todos, por hombres y mujeres, como un deber que es preciso compartir. Sólo desde esta valoración social de la vida privada y el desarrollo afectivo-emocional podremos querer a los demás sin dejar de querernos a nosotros mismos.

El egoísmo entendido como ese quererse a sí mismo no es ni mucho menos autosuficiencia, sino independencia e individuación. Sin embargo, a veces, en nuestro intento de liberación confundimos la independencia con la autosuficiencia, lo cual nos lleva a huir de todo compromiso y nos incapacita para el amor. Aprender a tener en cuenta al prójimo es posible si nos enseñan a cuidar de otros y dedicamos parte de nuestro tiempo al cuidado de los más próximos, lo cual no significa un olvido de sí. Las mujeres no logran su autonomía porque han interiorizado un cuidado a los otros como olvido de sí, y los varones, al no ser educados en el desarrollo de este cuidado de otros, han sido privados de la gratificación que produce esta experiencia y tampoco pueden desarrollar su autonomía. Mientras no exista un equilibrio, tanto en mujeres como en varones, entre este permiso al sano egoísmo y un desarrollo sano de la vinculación y el afecto, seguiremos confundiendo independencia con autosuficiencia, y entrega a otro con dependencia o falta de autonomía. Sólo desde un desarrollo personal pleno y armonioso conseguiremos una verdadera autonomía, que no confunda independencia con la falta de vínculos amorosos y que nos permita amar de una forma más madura.

Elegir la autonomía, ser dueños de nuestras vidas y hacer con ellas lo que queramos no significa falta de compromiso con otras vidas y con otras personas. Vivir humanamente es convivir con otros. Los seres humanos construimos nuestra vida, propia e individual, pero también construimos una vida en común, una comunidad. En toda su historia la humanidad ha buscado y desarrollado formas de solución a las relaciones conflictivas, soluciones que superan el mero ejercicio de la fuerza propio de otras especies animales, con lo cual se ha ido desarrollando una cultura de convivencia pacífica y solidaria que entraña el respeto a los demás individuos y el reconocimiento de que el otro es un igual. Esta cultura ha generado normas o modos de proceder de forma explícita mediante leyes o códigos de normativas jurídicas pero también ha consolidado valores y creencias, es decir, *una moral*, que nos incita a preferir el trato respetuoso y delicado al brutal y desconsiderado. Ser independiente no es renunciar a unos compromisos morales sino más bien elegirlos conscientemente desde nuestra autonomía.

Actualmente se maneja una idea de libertad individual como satisfacción rápida de todos mis deseos indiscriminadamente –ausencia de autocontrol- o como una especie de *anomía* –ausencia de normas–, que está extendiendo en los comportamientos un *relativismo moral* extremo cuya consigna es "todo vale". Sin embargo, sabemos que la persona autónoma no es la que no se atiene a normas ni controles, sino la que se da a sí misma las normas (*auto-nomía*) o ejerce un control sobre sí *(autocontrol)*. Nadie sería capaz de dirigir la propia vida sin un cierto dominio de sí. El sujeto autónomo es soberano, es legislador y legislado, diría Kant. Pero lo es porque decide serlo y al decidirlo elige su humanidad sobre su animalidad. El sujeto que elige ser dueño de sí sabe que no todo da igual. Hacer lo que uno quiera no significa hacer lo que a uno le dé la gana sin tener en cuenta a los otros, sus sentimientos, sus derechos, su valor.

Afirmando el valor que cada uno tiene como persona, afirmamos el valor de ser persona, el valor de la humanidad, un valor a proteger. Por eso un principio ético fundamental para la convivencia es la llamada regla de oro, "no hagas a los demás lo que no quieres que te hagan a ti". La convivencia pacífica consiste en tratar a los demás con la deferencia con que querríamos que siempre nos trataran a nosotros. Esto es tomarse en serio el dolor ajeno como mi propio dolor y el respeto a la dignidad humana como el respeto a mi propia dignidad, lo cual sólo es posible por el reconocimiento del otro como un igual.

El concepto de igualdad, como el de libertad o dignidad, son conquistas históricas para garantizar la convivencia y manifiestan un modo de entender la humanidad, *una ética*. Pero estas ideas no consiguen ser realidad sólo por un cambio legislativo o un reconocimiento jurídico. No es suficiente que haya leyes que garanticen el respeto a la dignidad de las personas, sino que, como decía Rousseau, "las leyes han de reinar en el corazón de las personas". Son las personas las que de forma autónoma actúan con responsabilidad frente a ellas. En el caso de la igualdad entre hombres y mujeres es un error pensar que basta con que cambien las instituciones y las leyes para que automáticamente cambien también los comportamientos, las costumbres, la mentalidad y las actitudes de las personas. Ciertas costumbres y actitudes machistas han cambiado poco y seguirán cambiando poco si sólo consideramos que la igualdad se implanta con un cambio de legislación.

Es necesario que mujeres y hombres, nos responsabilicemos de nuestros actos y nos hagamos conscientes de que son éstos los que a veces consienten y contribuyen a perpetuar la desigualdad. Esto exige una *reeducación*, un aprender a ver todos los condicionamientos psico-sociales del patriarcado, un romper con esquemas mentales, prejuicios y valores androcéntricos que, no sólo no nos permiten desarrollarnos, sino que apoyan y favorecen la reproducción de la desigualdad. Liberándonos de este condicionamiento milenario que seguimos padeciendo nos curamos y desde nuestra salud podemos incidir en instituciones que tienen algún poder en la transformación social. Elegir esta tarea de reeducación y liberación es un compromiso ético individual, es decir, es comprometernos con toda la humanidad.

El camino hacia la igualdad es un compromiso ético personal e individual pero también social y colectivo. La aspiración a la felicidad personal tiene como condición previa la libertad individual, la autonomía, pero es necesario que éstas sean posibles socialmente. La felicidad individual que cada persona tiene derecho a buscar tiene carácter subjetivo, pero las condiciones para que esta búsqueda sea posible son objetivas. Es decir, el sujeto podrá buscar y realizar sus proyectos de felicidad si existen en su sociedad unos derechos reconocidos que respeten su dignidad. Por eso el respeto a la dignidad humana es el fundamento para que todos y todas podamos lograr una felicidad individual. La organización social que facilite la felicidad personal de los miembros de la comunidad será aquella que reconozca que todos ellos tienen *igualmente* derecho a su desarrollo personal y a llevar a cabo su libre proyecto de felicidad. Reconocer la igualdad y la libertad es un compromiso ético de la sociedad actual que podemos asumir o no, pero hemos de saber que nuestra autonomía y búsqueda de felicidad sólo es posible desde él. Reconocer la dignidad humana, el valor intrínseco de la persona singular y concreta, es dotarla de unos derechos sobre los que cimentar su búsqueda de felicidad. Luchar por los derechos humanos, por la igualdad y por la libertad, es luchar porque sea posible la búsqueda individual de la felicidad.

Este compromiso ético, individual y social, es también político. Son los gobiernos y sus programas políticos los que han de esforzarse en crear las condiciones de justicia social adecuadas para que todos gocemos del mismo derecho a la libertad y a la felicidad. Y no se trata sólo de que hagan leyes más igualitarias y menos discriminatorias, sino de que estimulen cambios de valores y de actitudes a través de la educación, una *educación moral para la igualdad*.

Si las actitudes y comportamientos machistas todavía son la norma en nuestra sociedad, en donde el principio de igualdad rige toda la legislación vigente, es porque prevalecen aún los valores patriarcales y sobre ellos se estructura la vida social, económica y política. El poder, la posesión, la valentía, la fuerza, la instrumentalidad, la competitividad, la autosuficiencia, son actitudes y valores propios de la cultura patriarcal y de su patrón de dominación que no sólo afectan a la posible emancipación de la mujer sino a la evolución de la sociedad en general. Si queremos que se haga justicia evitando la desigualdad y queremos caminar hacia una convivencia pacífica, si no queremos ser aliados ni cómplices del patriarcado, tenemos que proponernos transformar la cultura patriarcal y sus esquemas valorativos: empezar por valorar las tareas que se han considerado tradicionalmente femeninas; valorar la tierra, la naturaleza, por encima de los productos de la técnica, de la cultura del consumo; valorar el ser sobre el tener, la comunicación y el diálogo como forma de resolver conflictos y no por la fuerza y la violencia. La destrucción del planeta, la guerra, la violencia y la desigualdad son el producto de una sociedad que gira en torno a valores patriarcales, que son los que rigen la economía. Es necesaria una transformación cultural que supone una responsabilidad moral y un cambio en la conciencia individual, pero también un proyecto político. Es una tarea individual y colectiva.

Los compromisos éticos y políticos coinciden en la construcción de una sociedad más humana. No en vano, los tres proyectos ético-políticos de la actualidad que luchan por una sociedad mejor pretenden acabar con la cultura patriarcal: el ecologismo, el pacifismo y el feminismo. Las personas se unen y se han unido siempre para la acción colectiva. En la búsqueda de la igualdad de derechos entre mujeres y hombres, primero se unieron las mujeres que lucharon como colectivo por conseguir sus libertades. Con el movimiento feminista se ha ido instaurando una conciencia del uso y abuso del poder en el patriarcado. Ante la mayor visibilidad de la violencia de género y el descubrimiento de la propia opresión del género, parece que están empezando a surgir grupos de hombres que se asocian para reclamar esta igualdad de derechos en solidaridad con las mujeres. Está apareciendo una conciencia colectiva de la opresión de la cultura patriarcal. Es el momento de que mujeres y hombres superemos los miedos y tomemos conciencia de la necesidad de unirnos contra la ideología del patriarcado, reclamando una educación no sexista, implicándonos en el cambio de valoración y en las nuevas formas de vida alternativas al patriarcado.

En el camino hacia la igualdad y la libertad, hacia una sociedad más humana, todos y todas estamos implicados como sujetos activos del cambio. Nuestra sociedad está en transformación y nosotros con ella, en una relación recíproca: nos transformamos personalmente y transformamos la sociedad y, a la vez, en la medida en que ésta cambia, se hace posible el cambio de las personas que habitan en ella. Liberándonos de la alienación de género, superando el miedo a la pérdida de nuestra identidad sexual y transformando los roles de género bipolares en otros más flexibles y completos, mujeres y hombres estamos contribuyendo al cambio social. La transformación de la sociedad hacia la igualdad real exige un cambio individual a la vez que es una tarea colectiva. Conseguir una sociedad más flexible y menos limitadora, que reconozca toda la escala de potencialidades humanas y en la que cada cualidad humana se valore sin estigmatizaciones ni dolorosos rechazos, supone intervenir intencionalmente –mediante la acción política– en instituciones sociales, como el sistema de enseñanza, el mercado laboral o los medios de comunicación.

El necesario cambio en la educación

Una sociedad que se plantee caminar hacia la igualdad tiene que pretender un cambio de valoraciones, para lo cual tiene que poner la atención en la educación. Como señala Fernando Savater en *El valor de educar*, la educación es siempre deliberada, "nunca es neutral, intenta favorecer un tipo de ser humano, un modelo de ciudadanía, de maduración psicológica y hasta de salud, que no es el único posible pero que se considera preferible a las demás". En este sentido, una sociedad que prefiera la democracia, el respeto a la dignidad, la libertad y la igualdad, ha de hacerse cargo y educar en esta dirección, mediante una nueva valoración, nuevos modelos y nuevas pautas de acción. La no intervención en este sentido, lejos de ser neutral, perpetúa y reproduce la desigualdad al transmitir el orden dominante como el "normal" y "natural".

Es evidente el necesario cambio en la educación para la transformación social, pero la educación no es sólo responsabilidad del sistema de enseñanza y de sus profesionales, sino de todos, hombres y mujeres, en cuanto madres y padres y en cuanto participantes en diferentes ámbitos de la vida social. Porque, como afirma Savater, para educar, lo primero es haber nacido y vivido antes que la persona a la que se desea transmitir (la veteranía es siempre un grado) y considerar que lo que se le desea transmitir tiene un valor. Esto nos convierte a todas las personas adultas en responsables de la educación de las nuevas generaciones y hace necesaria la conciencia individual de una transformación y reeducación para no transmitir valores patriarcales castradores y poder ayudar a los jóvenes a crecer sin los desórdenes psicológicos ni los costes personales con los que nos hemos encontrado las generaciones que estamos viviendo el tránsito de la sociedad hacia la igualdad. Evidenciar la injusticia, romper con el silencio cómplice, visualizar el maltrato, las actitudes machistas y homofóbicas, cuestionar la normalidad masculina, es una responsabilidad que tenemos en la educación de las nuevas generaciones

La *educación para la igualdad* es una responsabilidad de todos y requiere aumentar nuestra capacidad de conciencia para percibir y cuestionar el principio de dominación masculina. Una intencionada *educación para la igualdad* hace necesario promover políticas reales que incidan en las instituciones, no sólo con preciosos programas que hablen sobre la necesaria y justa igualdad, sino mediante el propósito de reeducar a la población en general, pero especialmente a los profesionales relacionados con la educación (maestros, profesores de diversos niveles, educadores de calle, pedagogos de cualquier actividad o conocimiento, terapeutas, asistentes sociales, etc.) y a los profesionales relacionados con la transmisión del conocimiento y la información (periodistas, publicistas, comunicadores, etc.). Esta reeducación tendría que visibilizar y cuestionar el modelo masculino machista y mostrar nuevas masculinidades y, a la vez, revalorizar el principio femenino en todas las personas y mostrar también nuevos modelos femeninos. Reeducación también entendida como enseñar a detectar comportamientos y actitudes machistas, propios y ajenos, pues, al no reconocer el propio sexismo se sigue transmitiendo de forma inconsciente, reproduciendo una plataforma psico-social en la que prevalece la violencia masculina contra las mujeres. Individualmente y desde los espacios públicos podemos estimular el debate y la reflexión autocrítica sobre nuestros comportamientos, actitudes, pensamientos, para tomar conciencia todos, mujeres y hombres, de nuestro propio sexismo. Desde esta perspectiva de autoconciencia y autocrítica podremos transformar nuestros miedos en un estímulo para el cambio individual y colectivo.

Como forma de incidir en la educación, además de plantearnos una reeducación que promueva un cambio en las personas adultas, es necesario intervenir con cambios concretos en las instituciones, especialmente en los medios de comunicación y en el sistema de enseñanza, pero también en el mercado laboral y las instancias políticas. Teniendo en cuenta que hoy educan más los medios de comunicación que la escuela, se hace necesario un control sobre los contenidos que éstos presentan y la forma de presentarlos, sobre a quién se dirigen y los estereotipos que transmiten, exigiendo la no cosificación de la mujer y el respeto a su dignidad como una forma de respeto a los derechos humanos. Independientemente de estas demandas, es necesaria la formación de los profesionales de la información para la toma de conciencia de la influencia y el poder simbólico que manejan.

Aunque no el único, el sistema de enseñanza es, por supuesto, una de las instituciones que más intencionalmente tiene que intervenir en el campo educativo si queremos avanzar en el camino de la igualdad. Esto requiere, en primer lugar, que sea prioritaria la enseñanza primaria y secundaria en inversión de recursos y que, de éstos, se dirija una parte importante a la formación del profesorado para el autoanálisis y la deconstrucción de los valores patriarcales interiorizados, para la toma de conciencia de su protagonismo en la transmisión de modelos y para enfocar su tarea educativa en una *educación para la igualdad y la libertad*.

Por otra parte, sería indispensable un cambio de enfoque metodológico. Si queremos un desarrollo integral y armónico de todas las personas, que les permita dirigirse en el mundo con autonomía, es necesario, desde las primeras etapas, una verdadera coeducación que revalorice la vida afectiva en la escuela y potencie el desarrollo emocional, el contacto, la vinculación, el movimiento y la expresión corporal, la intuición y la creatividad, tanto en niños como en niñas, integrando todas estas posibilidades de desarrollo con el aprendizaje racional e intelectual. Es decir, hacer de la escuela un espacio no sólo para el desarrollo racional y el aprendizaje de conocimientos intelectuales, sino fundamentalmente un espacio de crecimiento personal, afectivo y humano.

Además, el trabajo con adolescentes en relación a la igualdad es muy importante. Es en la pubertad cuando más fuerte es la adaptación al estereotipo de género. Los y las adolescentes están descubriendo su identidad, se están afirmando a sí mismos, pero con una capacidad crítica y de autoconciencia que les permite dirigir sus propios aprendizajes, cuestionar modelos y pautas de conducta impuestas y elegir vías de autorrealización personal y nuevas formas de relación. En este sentido, creo muy necesario introducir espacios para trabajar la educación afectivosexual en relación con una educación ética para la igualdad. Espacios en los que los adolescentes puedan tomar contacto con sus emociones, puedan nombrarlas y expresarlas, espacios para la interiorización y la escucha que les ayuden a construir nuevas formas de masculinidad a los chicos y a no copiar el modelo masculino a las chicas, descubriendo una nueva forma de ser ellos mismos. Espacios donde enseñarles a detectar la violencia simbólica de los medios de comunicación y a adoptar una postura crítica ante ellos, ayudándoles a romper con estereotipos y prejuicios sexistas, a liberarse de aquellos que les impiden ser en libertad, a visualizar y rechazar actitudes machistas y a construir relaciones de género simétricas.

Si el objetivo principal de la educación es ayudar y permitir a cada persona realizarse según su potencial singular, es preciso nombrar y mostrar otras posibilidades humanas que vayan más allá de los modelos que les ofrecen los medios de comunicación y que les abran puertas a la aceptación y respeto a la diversidad. No basta con procurar el desarrollo en el alumnado de todas sus potencialidades independientemente de su sexo; hemos de transmitirle la necesidad ética del respeto a la diferencia y de la consecución de la igualdad de derechos que la hagan posible, responsabilizándole en el cambio de actitudes y sensibilizándole sobre la injusticia de la persistente desigualdad. La educación para la igualdad es una educación moral y ética con una vertiente creativa y transformadora: construcción de formas de vida más justas y, quizás, nuevas. En este sentido, la reflexión ética con adolescentes sobre la igualdad y los cambios personales y sociales necesarios para conseguirla es un modo de contribuir a la búsqueda de un ideal de justicia, en el que hay que empeñarse. El adolescente, a través de experimentación vivencial y de comprensión intelectual, puede descubrirse como sujeto de transformación personal y social con unos compromisos éticos. Abordar la educación para la igualdad, desde una perspectiva ética que integre la educación sentimental y la educación en valores para la convivencia con una educación racional y crítica para la transformación social, es fundamental para crear nuevos tipos de relaciones de género entre los jóvenes, que tienen un efecto multiplicador en cuanto que revierte en el conjunto de la sociedad.

El logro de estas intervenciones en todos los ámbitos educativos está aún muy lejos de producirse porque necesitaría la previa conciencia y convencimiento de todos de que necesitamos una reeducación para no reproducir la desigualdad, una atención a nuestro lenguaje, nuestros comportamientos, nuestro silencio permisivo. Mientras no seamos conscientes de esto, no sólo los profesionales de la enseñanza sino el conjunto de la sociedad, nuestro rechazo a la violencia de género es mera retórica y la búsqueda de la igualdad será un tortuoso camino lleno de frustraciones y conflictos personales.

Una nueva educación, orientada a la revalorización de lo femenino y a la liberación de la carga patriarcal que hipervalora lo masculino, es hoy el camino hacia la igualdad, un camino que nos incumbe a todos, mujeres y hombres, un camino que hemos de recorrer individual y colectivamente, sin miedo y con decisión. En este camino nos encontramos.

Epílogo
— Carta de una mujer maltratada —

Desde aquí puedo divisar el mundo como quien en lo alto de la montaña otea la llanura situando por primera vez sus pueblos, ríos, huertas y peñascos. La contemplación de este paisaje del mundo en su amplitud me lleva a comprender mi sufrimiento allí abajo y el de muchas otras mujeres.

En ese mundo de los humanos, el tuyo y el mío, nacer hombre te otorga un poder desde la cuna que a las que, como yo, nacen mujeres, se les niega. En él se pregona la igualdad entre los sexos como algo dado pero tan sólo es un ideal que está en un horizonte aún lejano. En este mundo, injusto y desigual, *las mujeres iniciamos nuestro camino con la pesada carga de lo que se presupone que es "ser mujer". Este "ser mujer" al que se nos invita parecernos es ser dulce, tierna, compasiva, comprensiva, amorosa, sacrificada, buena, sumisa, ser de otros y para otros. Se considera impropio de nosotras la libertad en todos los ámbitos de la vida, tener sueños y perseguirlos, pretender ser, hacer o decir. A aquellas que buscan su libertad se les culpabiliza de mala hija, mala esposa, mala madre o simplemente de "mala mujer". A los hombres, sin embargo, se os presupone esa libertad que a las mujeres se niega, libertad para ser, ser para sí no para otros. Pero en el modelo al que se os invita a ajustaros, a pesar de la libertad que os presupone, tampoco os es fácil ser plenamente pues no se os enseña a amar: en él se os niega vuestra sensibilidad siendo la agresividad la única emoción que podéis mostrar sin avergonzaros.*

El destino ha querido que tú y yo naciéramos en un momento histórico de cambio en el que las mujeres hemos decidido que vamos a luchar para desarrollarnos plenamente y que no vamos a aceptar el poder masculino impuesto. Nuestra liberación es lenta, silenciosa y pacífica pero con mucho dolor personal. A pesar de que la sociedad todavía mantiene instituciones que protegen vuestro poder, os sentís amenazados por nuestra revolución. Tenéis miedo por lo que perdéis y os acorazáis con complicidad sin plantearos dónde está la justicia y queriendo mantener, incluso por la fuerza, ese poder que las mujeres ya no os presuponemos.

Mi muerte escandalizó, pero tú sabes que me habías matado lenta y dolorosamente antes. Durante largos años de agonía me herían tus humillaciones, me lastimaban tus burlas y desprecios, me azotaban tus voces, me desfiguraban tus ofensas e insultos. En indigno y vergonzoso convertías poco a poco mi existir, ayudado por el silencio de aquellos que "me querían". Has interpretado mi timidez como docilidad, mi humildad como sumisión, mi sencillez como simplicidad. Abatida y cansada de resistir, sin embargo, todos me han considerado servil culpándome de mi esclavitud. Mientras convertías tu miedo en furia y ocultabas tu cobardía en un duro caparazón, el mundo ha visto tu orgullo como virtud, tu prepotencia como masculinidad y tu arrogancia como valentía.

Ahora desde aquí sólo puedo sentir compasión por ti, por todas aquellas mujeres que han vivido o viven con hombres como tú, y por ellos mismos. Pero no puedo sentir esto por la sociedad en la que tú y yo hemos crecido; esa que mantiene y perpetúa la desigualdad, que tolera actitudes machistas como si fueran "normales" y que, en ciertos contextos, incluso las ensalza; la que me ha convertido en víctima no dándome otra opción que cuidar de otros, que ha fomentado mi inseguridad negándome mi autonomía; la que, mentirosa, te ha hecho creer que tienes un poder sobre mí, ha vitoreado tu agresividad desde que eras niño, ha fomentado tu desprecio hacia las mujeres y te ha negado el amor. Por esa sociedad que sigue manteniendo instituciones castrantes para hombres y para mujeres sólo puedo sentir indignación.

Desearía que consiguieras entender que el necesario camino hacia la igualdad no es más que tu propia liberación y que pudieras, desde tu dolorosa transformación, contribuir a la renovación de ese mundo en el que habitan nuestros hijos.

Bibliografía y referencias

Alborch, Carmen (1999): *Solas.* Madrid: Temas de Hoy.

— (2002): *Malas.* Madrid: Santillana.

Altable, Charo (1998): *Penélope y las trampas del amor.* Madrid: Nau Llibres.

— (2000): *Educación sentimental y erótica para adolescentes. Más allá de la igualdad.* Madrid: Miño y Dávila.

Amorós, Celia (1994): "Igualdad e identidad" en A. Valcárcel (compl.). *El concepto de igualdad*, pp. 29-48. Madrid: Editorial Pablo Iglesias.

— (1997): "Espacio de los iguales, espacio de las idénticas. Notas sobre poder y principio de individuación". *Arbor*, no. 503-4, pp. 113-127.

— (1997): *Tiempo de Feminismo. Sobre feminismo, proyecto ilustrado y postmodernidad.* Madrid: Cátedra.

— (Ed.) (2000): *Feminismo y Filosofía.* Madrid: Síntesis.

Avilés Martínez, José María (2003): *Bullying. Intimidación y maltrato entre el alumnado.* Bilbao: Sindicato Stee-eilas.

Badinter, Elisabeth (1991): *¿Existe el instinto maternal? Historia del amor maternal. Siglos XVII al XX.* Barcelona: Paidós Pomaire.

— (1992): *La identidad masculina.* Madrid: Alianza.

Baines, John (1993): *¿Existe la mujer?* Chile: EuroAmérica Ediciones.

Ballarín, Pilar (1994): "Oportunidades educativas e igualdad". En Amelia Valcárcel (comp.), *El concepto de igualdad.* Madrid: Ed. Pablo Iglesias, pp. 173-198.

— (2001): "La coeducación hoy" en Nieves Blanco (coord.) *Educar en Femenino y en Masculino.* Madrid: Akal y Universidad Internacional de Andalucía.

Bard, Christine (Ed.) (2000): *Un siglo de antifeminismo*. Madrid: Biblioteca Nueva.

Beauvoir, Simone de (1949): *El segundo sexo (vol. I y II)*. Madrid: Cátedra (1998).

Beltrán, Elena y Virginia Maquieira (Ed.) (2001): *Feminismos. Debates teóricos contemporáneas*. Madrid: Alianza Editorial.

Blanco, Nieves (2000): *El sexismo en los materiales educativos de la E.SO.* Sevilla: Instituto Andaluz de la Mujer.

— (2001) (coord.): *Educar en Femenino y en Masculino*. Madrid: Akal y Universidad Internacional de Andalucía.

Bolen, Jean Shinoda (2006): *Mensaje urgente a las mujeres*. Barcelona: Kairós.

Bonino, Luis (1992): "La condición masculina y las conductas de riesgo en el adolescente varón". Ponencia inédita presentada en el Congreso Iberoamericano de Psicología y en las Jornadas *"El adolescente actual"* celebradas en Madrid, Universidad de Comillas.

— (1995): "Los varones y el cambio de las mujeres". Materiales de trabajo no. 27. Madrid: Ministerio de Asuntos Sociales. Dirección General del Menor y la Familia.

— (1998): *Micromachismos*. Bruselas: City & Shelter.

— (2000): "Varones, género y salud mental: deconstruyendo la "normalidad" masculina" en Marta Segarra y Angels Carabí (Eds.). *Nuevas masculinidades*, pp.41-64. Barcelona: Icaria.

Bourdieu, Pierre (1997): *Sobre la Televisión*. Barcelona: Anagrama, 2003.

— (1998): *La dominación masculina*. Barcelona: Anagrama, 2000.

Camps, Victoria (1994): "La igualdad y la libertad" en A. Valcárcel (compl.). *El concepto de igualdad,* pp. 17-27. Madrid: Editorial Pablo Iglesias.

— (1998): *El Siglo de las Mujeres*. Madrid: Cátedra.

Caso, Ángeles (2005): *Las olvidadas. Una historia de mujeres creadoras*. Barcelona: Ed. Planeta.

Chomsky, Noam e Ignacio Ramonet (1995): *Cómo nos venden la moto*. Barcelona: Icaria.

Chorodow, Nancy (1984): *El ejercicio de la maternidad*. Barcelona: Gedisa.

Cobo, Rosa (1995): *Fundamentos del patriarcado moderno. J.J. Rousseau*. Madrid: Cátedra.

© narcea s. a. de ediciones

Defensor del Pueblo (ed) (2000): *Violencia escolar: el maltrato entre iguales en la Educación Secundaria Obligatoria*, Madrid: Comunidad de Madrid, Defensor del Pueblo.

Firestone, Shulamith (1976): *Dialéctica del sexo*. Barcelona: Kairós.

Fisher, Helen (1999): *El primer sexo. Las capacidades innatas de las mujeres y cómo están cambiando el mundo*. Madrid: Taurus.

Friedan, Betty (1964): *La mística de la feminidad*. Madrid: Júcar, 1974.

Fromm, Eric. (1947): *Miedo a la libertad*. Barcelona: Paidós (2000).

— (1956): *El arte de amar*. Barcelona: Paidós, (1980)

Galeano, Eduardo (1998): *Patas arriba. La escuela del mundo al revés*. Madrid: Siglo XXI.

Gil Calvo, Enrique (1997): *El nuevo sexo débil. Los dilemas del varón posmoderno*. Madrid: Temas de Hoy.

Gilligan, Carol (1985): *La Moral y la Teoría. Psicología del desarrollo femenino*. México: FCE.

Herranz Gómez, Yolanda (1997): "Transformación del mercado laboral de Madrid y feminización de la inmigración latinoamericana". En Maquieira, V. y Mª J. Vara, *Género, clase y étnia en los nuevos procesos de globalización*, Madrid: UAM, pp. 171-182.

— (1998): "Servicio doméstico y feminización de la inmigración en Madrid". *Ofrim. Publicación Especializada de Inmigración*, Madrid: Comunidad de Madrid, diciembre de 1998. pp- 65-83.

Lerner, Gerda (1990*): La creación del patriarcado*. Barcelona: Crítica.

Lomas, Carlos (2004): *Los chicos también lloran. Identidades masculinas, igualdad entre los sexos y coeducación*. Barcelona: Paidós.

López García, Mª Luisa (1995). *Educación afectivosexual*. Madrid: Narcea.

Marina, José Antonio (1995): *Ética para náufragos*. Barcelona: Anagrama.

— y María de la Válgoma (2000): *La lucha por la dignidad*. Barcelona: Anagrama.

Mead, Margaret (1939): *Sexo y temperamento en tres sociedades primitivas*. Barcelona: Paidós (1982).

Mernissi, Fatema (2001): *El harén en Occidente*. Madrid: Espasa Hoy.

Mill, John Stuart (1859): *Sobre la libertad*. Madrid: Alianza (1970).

Millet, Kate (1970): *Política sexual*. Madrid: Cátedra.

Montero, Rosa (1995): *Historias de Mujeres*. Madrid: Santillana Ediciones.

Moore, Henrietta L. (1999): *Antropología y Feminismo*. Madrid: Cátedra.

Muraro, Luisa (1991): *El orden simbólico de la madre*. Madrid: Horas y Horas, 1994.

Naranjo, Claudio (1993): *La agonía del patriarcado*. Barcelona: Kairós.

Oliveira, Mercedes (1998): *La educación sentimental. Una propuesta para adolescentes*. Barcelona: Icaria.

Pérez Cantó, Pilar (Ed.) (2000): *También somos ciudadanas*. Madrid: UAM.

Pinkola Estés, Clarissa (1992): *Mujeres que corren con lobos*. Madrid: Punto de lectura, 2001.

Posadas, Carmen y Sophie Courgeon (2004): *A la sombra de Lilith*. Madrid: Planeta.

Rich, Adrienne (1976): *Nacemos de mujer*. Ed. española de 1986: Cátedra, Universitat de Valencia e Instituto de la Mujer.

Savater, Fernando (1997): *El valor de educar*, Barcelona: Ariel.

Serrano Sarmiento, Ángela e Isabel Ibarra Marmolejo (2005): *Informe. Violencia entre compañeros en la escuela en España*. Madrid: Centro Reina Sofía para el Estudio de la Violencia.

Subirats, Marina (1992): *Pautas de observación para el análisis del sexismo en el ámbito educativo*. Cuadernos de Educación no Sexista, no. 2, Barcelona: UAB.

— (1998): *Con diferencia. Las mujeres frente al reto de la autonomía*. Barcelona: Icaria.

— (1999):"Género y escuela". En Carlos Lomas (comp.) *¿Iguales o diferentes?* Barcelona: Paidós.

Valcárcel, Amelia (compl.) (1994): *El concepto de Igualdad*. Madrid: Editorial Pablo Iglesias.

— (1991): *Sexo y Filosofía. Sobre "mujer y poder"*. Barcelona: Anthropos.

— (2000): *Rebeldes. Hacia la paridad*. Barcelona: Plaza & Janés.

— *et al.* (2000): *Los desafíos del feminismo ante el siglo XXI*. Sevilla: Instituto Andaluz de la Mujer.

Valle, Teresa del *et al.* (2002): *Modelos emergentes en los sistemas y las relaciones de género*. Madrid: Narcea.